일은 프로답게. 말은 확실하게. 일상은 감각있게.

모든 일은 센스로 시작합니다

일은 프로답게.

말은 확실하게.

일상은 감각있게.

이현 지음

# 모든 일은
# 센스로
# 시작합니다

천그루숲

오래 전 서점에서 좋아하는 작가의 책을 한 권 사들고 서점 앞 카페에 들어갔다. 커피를 주문한 지 얼마 지나지 않아 노란색 잔에 담긴 커피가 나왔다. '어? 혹시 내가 들고 온 노란 표지의 색을 보시고 커피 잔 색상을 맞춰 주셨나?' 커피를 마시는 내내 섬세한 마음이 느껴졌다.

카페를 나가면서 "혹시 이 책이랑 커피 잔 색상을 맞춰주셨나요?" 하고 물어보았더니 "그럼요~ 게다가 오늘은 화요일이잖아요."라고 웃으며 답하셨다. '화요일이라 노란색 잔에 커피를 담아 주셨다고?' 무슨 뜻인지 몰라 갸우뚱하는 나에게 카페 사장님은 이렇게 말씀하셨다.

"들어오실 때 보니까 뭔가 좋은 생각을 하실 것 같아서요. 어쩌면 화요일은 한 주가 가장 길게 느껴질 수 있는 날인데, 이곳에서 좋은 에너지를 채우셔서 새로운 아이디어를 얻으시라고 노란색 잔을 골랐어요. 노란색은 심리적으로 긍정적인 에너지와 자신감을 갖게 만들잖아요."

한 번쯤 탁월한 센스를 가지고 일과 일상에서 좋은 결과를 만들어 내는 사람들을 만난 적이 있을 것이다. 마치 카페에서 처음 만났던 사장님처럼 짧은 시간에도 상대를 세심하게 관찰하고 센스 있는 말과 행동을 한다면 언제 어디서든 좋은 결과를 만들어 내겠구나 하는 생각이 들었다.

우리는 센스의 좋고 나쁨을 상대의 작은 행동과 말 한마디로도 쉽게 알아차릴 수 있는데, 그 이유는 '센스란 좋다고 느껴지는 기분'이기 때문이다. 따라서 센스가 좋은 사람을 만나거나 그런 사람과 함께 일하게 된다면 좋은 분위기에서 만족할 만한 결과를 만들어 낼 수 있는 것이다.

"탁월한 센스는 반드시 좋은 결과를 만들어 낸다."

카페 사장님과 만난 이후 탁월한 센스를 가진 사람들을 만나면 그들의 일과 일상을 가까이에서 지켜보게 되었다. 그리고 그들이 경험적으로 알고 있는 사실을 누구나 활용할 수 있는 노하우로 만들어 쉽게 전달하고 싶었다. 센스가 부족해 마음고생이 심했던 사람들이 이 책을 통해 '일'과 '말' '일상'에서 좋은 결과를 만들어 내기를 바란다. 모든 일은 당신이 가지고 있는 센스에서 시작될 것이며, 센스는 당신의 삶에 오래 머물게 될 것이라 믿는다.

이현

Contents

머리말 004

프롤로그  여전히 센스가 좋군요 010

P|A|R|T|1
일은 프로답게 : 일센스 ◆

1  지식을 업그레이드하는 일

**일의 한계를 극복하는 방법** #탁월한_전문가 023

**일의 기준을 명확하게 세우는 방법** #일의_기준 030

**일의 눈치와 센스를 키우는 방법** #눈치 #센스 036

2  정보를 업데이트하는 일

**정보를 수집하는 방법** #정보수집 #정보정리 047

**정보를 정돈하는 방법** #정보정돈 053

**정보의 핵심을 공유하는 방법** #정보공유 059

3  정보를 디자인하는 일

**정보를 시각화하는 방법** #시각화 #도식화 069

**정보의 디테일을 찾는 방법** #디테일 074

**문서를 디자인하는 방법** #디자인 080

P | A | R | T | 2
# 말은 확실하게 : 말센스

## 1 해시태그처럼 쉽게 말하기

**어려운 것을 쉽게 말하는 방법** #비유　　　　　　094

**흩어진 관심을 이끌어 내는 방법** #속담　　　　　　100

**말의 선명도를 높이는 방법** #수정 #보완　　　　　105


## 2 해시태그처럼 짧게 말하기

**말의 속도감을 살리는 방법** #속도　　　　　　　　113

**핵심만 명확하게 말하는 방법** #이과적_말하기　　118

**말의 전달력과 설득력을 높이는 방법** #숫자　　　123


## 3 해시태그처럼 의미있게 말하기

**말의 핵심을 파악하며 듣는 방법** #경청　　　　　　134

**의미있는 소통을 나누는 방법** #질문　　　　　　　140

**상대의 말문이 터지게 만드는 방법** #칭찬 #리액션　147

P|A|R|T|3

# 일상은 감각있게 : 일상센스

## 1  일상의 차별화를 만드는 힘

관심과 호기심을 키우는 방법 #관심 #호기심     **157**

새로운 단어로 지식을 확장시키는 방법 #단어수집     **163**

교양과 상식의 폭을 넓히는 방법 #교양 #상식     **169**

## 2  취향의 핵심은 선택과 큐레이션

자신의 취향을 탐색하는 방법 #취향 #탐색     **178**

취향의 깊이를 키우는 방법 #소비     **185**

취향을 제안하고 공유하는 사람 #큐레이터     **191**

## 3  일상의 센스를 키우는 3가지 방법

현장의 이야기를 담아내는 방법 #관찰     **199**

경험의 질감을 높이는 방법 #경험     **204**

가치를 알아보는 눈을 키우는 방법 #안목     **209**

참고자료     **215**

# 여전히 센스가 좋군요

언젠가 "여전히 센스가 좋군요"라는 말을 들은 적이 있다. 그 당시는 뜻밖의 칭찬에 좀 머쓱했지만 생각할수록 그 말이 참 좋았다. 여전히 센스가 좋다니… '여전히'란 말 속에 담긴 뜻이 기분을 더욱 좋게 만들었다. 누군가에게 이런 칭찬을 들으니 '내가 꽤나 멋지게 살고 있구나?'라는 생각이 들었다.

이후 '좋은 센스를 가지려면 어떻게 해야 할까?' 하는 생각에 자신의 분야에서 탁월한 성과를 만들어 내는 사람들을 살펴보았다. 오랜 경험과 취향으로 다져진 그들의 감각적인 센스를 보며 어떻게 하면 그들의 좋은 감각을 나의 일상에 적용할 수 있을지 고민했다. 그리고 그 고민의 결과물이 바로 이 책《모든 일은 센스로 시작합니다》이다.

일과 일상에서 감각을 키우고 발전하기 위해서는 나 자신부터 탁월한 센스를 알아볼 수 있는 안목을 키워야 했다. 내가 보고 듣고 느끼고 경험했던 모든 일들을 '센스'라는 하나의 키워드로 묶고, 내가 하는 모든 일을 센스와 연결시켜 보며 좋은 감각을 키워 나가는 데 집중했다.

탁월한 전문가들이 경험적으로 아는 사실을 누구나 활용할 수 있는 노하우로 정리해 보니 '일은 프로답게' '말은 확실하게' '일상은 감각있게'라는 세 문장으로 함축할 수 있었다.

## '일은 프로답게'

일을 프로답게 한다는 것은 맡은 업무를 전문적으로 수행하고 서로가 만족하는 최상의 결과물을 만들어 내는 것이다. 일을 프로답게 하는 사람들은 일의 중요성을 인식하고 자신의 뛰어난 센스를 통해 반드시 좋은 결과를 만들어 낸다.

일을 프로답게 한다면 다음과 같이 일센스에 필요한 능력을 키울 수 있다.

#### #전문성 (탁월한 전문가, 일의 기준, 눈치, 센스)

오랜 경험을 바탕으로 생겨난 일에 대한 전문성과 자신만의 명확한 일의 기준을 통해 업무프로세스를 향상시키며, 일하는 방법을 개선할 수 있는 노하우를 찾아낸다.

#### #정보관리 (수집, 정리, 정돈, 공유)

자신의 업무에 도움이 되는 최신 동향과 정보를 수집하고, 정보의 유익함을 판단하여 필요 없는 정보를 빠르게 걸러낸다. 중요한 정보는 언제든 다시 찾아볼 수 있도록 정돈해 두고, 상대에게 중요한 핵심을 빠르게 공유한다.

#### #디자인 (시각화, 디테일, 문서)

정보를 시각화·도식화하여 상대의 바쁜 시간을 줄여 주는 등 시간을 효율적으로 사용할 수 있다. 또한 자주 사용하는 문서나 PPT에서 작은 디테일들을 찾아내 더 나은 결과물을 만들어 낸다.

## '말은 확실하게'

말을 확실하게 한다는 것은 자신이 말하고자 하는 바를 정확하게 표현하는 것이다. 말을 확실하게 하면 소통이 되지 않아 생기는 오해를 줄일 수 있고, 내가 전하고자 하는 바를 쉽고 의미있게 전달하여 원하는 목표를 달성할 수 있다.

말을 확실하게 한다면 다음과 같이 말센스에 필요한 능력을 키울 수 있다.

### #쉽게_말하기 (비유, 속담, 수정, 보완)

머릿속에 이미지를 바로 떠올릴 수 있도록 간결하고 직관적인 언어를 사용한다. '쓱싹크림 기절베개, 회장님 크림, 배쏙티'처럼 듣는 순간 머릿속에 쉽게 그려질 수 있도록 언어를 이미지화하고, 비유나 속담을 활용해 누구나 쉽게 이해할 수 있도록 말한다.

### #짧게_말하기 (속도, 이과적 말하기, 숫자)

자신이 말하고자 하는 바를 짧고 리듬감 있게 전달하고, 군더더기 없는 말로 상대의 이해를 돕고 설득력을 높인다. 최대한 짧은 단어로 핵심을 정확하게 담아 당신의 메시지를 전달한다.

**#의미있게_말하기 (경청, 질문, 칭찬, 리액션)**

상대방과 이야기를 하는 동안 상대의 말에 집중하고 경청하는 태도로 의미있는 결과를 이끌어 낸다. 또한 현장에서 전문가들이 사용하는 질문의 기술을 익히고, 목소리 톤과 몸짓을 통한 리액션으로 상대의 마음을 열 수 있다.

## '일상은 감각있게'

일상을 감각있게 산다는 것은 일상생활에서 놓치기 쉬운 새로운 경험을 발견하고 안목을 높여 삶을 더욱 풍요롭게 만드는 것이다. 일상을 감각있게 사는 사람들은 관심과 호기심을 바탕으로 서로의 취향과 감정을 공유하면서 삶의 즐거움을 적극적으로 찾아 나간다.

일상을 감각있게 산다면 다음과 같이 일상센스에 필요한 능력을 키울 수 있다.

### #일상_차별화 (관심, 호기심, 단어수집, 교양, 상식)

낯선 정보를 관심과 호기심 있게 받아들이며 일상의 감각을 넓힌다. 교양과 상식을 쌓으며 일상의 다양한 정보를 새롭게 습득하고, 독창적인 아이디어로 일상의 차별화를 만들어낸다.

### #선택_큐레이션 (취향 탐색, 소비, 큐레이터)

시대의 흐름을 읽으며 과거와 미래를 연결할 수 있도록 끊임없이 질문하고 감각을 키운다. 당신이 보고 있는 것들의 질적인 수준을 높이기 위해 취향을 탐색하고 다양한 시대의 흐름을 읽어낸다. 감각을 높이기 위해 현명한 소비를 배우고, 자신만의 소비기준을 통해 나만의 취향을 만들어 낼 수 있다.

### #인사이트 (관찰, 경험, 안목)

날이 선 감각을 통해 일상을 관찰하면 모든 것이 센스 수집의 도구가 됨을 깨달을 수 있다. 관찰과 경험을 통해 보이지 않는 것을 볼 수 있는 눈과 현장의 맥락을 파악하는 안목을 키울 수 있다.

## 센스가 당신에게 오래 머물기를…

일과 일상의 차별화를 만드는 힘은 당신의 센스에서 나온다. 당신은 이제 프로답게 일하고, 확실하게 말을 전하며, 감각적인 일상을 즐기며 반드시 좋은 결과를 만들어 낼 수 있을 것이다. 이 책을 통해 당신의 삶에도 센스가 오래 머물 수 있기를 바란다.

일은 프로답게
# 일센스

Sense

# 지식을
# 업그레이드하는 일

지난 여름, 수박을 사기 위해 '좋은 수박 고르는 방법'을 인터넷에 검색해 봤다. 두드렸을 때 소리가 맑고 좋은 것, 수박에 줄이 선명하고 색깔이 진한 것, 꼭지가 바른 것 등 수많은 정보가 있었다. 하지만 막상 과일 가게에 가보니 대부분 비슷비슷해서 무엇이 잘 익은 수박인지 알 수 없었다. 그중 인터넷에서 검색한 결과와 제일 비슷한 상태의 수박을 골랐더니, 나를 지켜보던 과일 가게 사장님이 "이 수박은 맛이 없다"며 딱 봐도 색이 흐려 덜 익은 것 같은 수박을 권했다. 그러면서 이렇게 말했다.

"올해는 폭염 때문에 하우스 수박이 금방 물렀어요. 그래서 색깔이 선명한 건 너무 물러서 맛이 없고, 조금 흐릿흐릿한 것이 적당히 익어서 더 달아요. 매년 날씨에 따라 고르는 기준이 조금씩 달라지는데, 올해는 수박 줄이 약간 흐릿한 거를 고르면 딱 좋아요."

여름철에는 누구나 잘 익은 맛있는 수박을 먹고 싶을 것이다. 이때 제대로 익은 수박을 고르려면 누구에게 물어봐야 할까?

① 인터넷 블로거　　　② 마트 직원

③ 수박밭 주인　　　④ 과일 유통업자

물론 개인에 따라 차이는 있겠지만 인터넷 블로거나 마트 직원보다 수박을 직접 키우는 수박밭 주인이나 과일을 유통하는 분이 좋은 수박을 고르는 방법을 더 정확히 알고 있을 것이다. 특히 수박을 감별하는 일을 직업으로 가진 수박 감별사는 현장에서 오랜 시간 쌓은 경험을 통해 수박을 몇 번만 두드려 보거나 소리만 들어도 맛 좋은 수박을 정확하게 고를 수 있다.

수박 감별사

Part 1 일센스 편에서는 일터에서 일의 한계를 극복하기 위해 좋은 정보를 가진 탁월한 전문가를 찾고, 그들의 일하는 기준을 나에게 적용하며 일의 감각을 키울 수 있는 방법에 대해 알아보자.

# 일의 한계를
# 극복하는 방법

### #탁월한_전문가

우리가 얻는 지식은 암묵지식과 형태지식으로 나뉜다. '암묵지식'은 맛의 비결이나 전문가의 지식처럼 언어로 쉽게 표현하지 못하는 지식을 말한다. '잘 익은 수박을 고르는 방법'도 암묵지식 중 하나라고 볼 수 있다. 그리고 이런 암묵지식을 좀더 명확하고 이해하기 쉬운 언어로 표현할 수 있다면 암묵지식은 '형태지식'이 된다.

탁월한 전문가는 수없이 많은 시행착오를 거듭하면서 일의 감각을 발전시키고, 자신이 터득한 지식(암묵지식)을 언어(형태지식)로 바꾸며 자신만의 센스(신체지식)를 쌓는다. 따라서 똑같은 시간을 일하더라도 더욱 빠르고 정확하게 일을 처리할 수 있는 것이다.

| 암묵지식 | + | 형태지식 | = | 신체지식 |
|---|---|---|---|---|
| (전문지식) | | (언어로 정리된 지식) | | (탁월한 전문가의 센스) |

일을 처리하는 센스와 전문성은 단순히 이들의 지식을 배우며 따라 한다고 해서 쉽게 내 것이 되지 않는다. 오랜 노력과 현장의 경험이 함께 쌓여야 생겨나기 때문이다. 그렇다면 일의 한계를 극복하며 오랜 시간 동안 터득한 상대의 지식을 효율적으로 배우기 위해서는 어떻게 해야 하는지 살펴보자.


## 상대의 지식을 쉽게 익힐 수 있도록 세분화시킨다

한때 ○○홈쇼핑 고객상담센터에서 일한 적이 있다. 하지만 시간이 지나도 업무처리 속도는 여전히 더뎠고 능률도 오르지 않아 일의 한계를 느끼는 일이 많아졌다. '어떻게 하면 지금보다 일을 더 잘할 수 있을까?'라는 고민이 깊어졌을 때 '일을 잘하는 직원들은 대체 어떻게 일을 하는지' 궁금해졌다. 다

행히 회사에서 매달 고객응대를 잘한 우수상담 사례를 공유해 주었기 때문에 일을 잘하기로 인정받는 사람들의 상담내용을 들어 볼 수 있었다. 소위 '일잘러' 직원들의 상담을 하나씩 들어 보니 오랜 시간 동안 몸에 쌓인 일의 감각이 상담과정에서 자연스럽게 녹아 나왔다.

처음에는 무작정 그들을 따라해 봤는데, 업무 스타일과 성향이 나와 달라 내 상담에 바로 적용하기 힘들었다. 그래도 포기하지 않고 시간이 날 때마다 일잘러 직원들의 상담을 계속 반복해 들으며 그들의 업무 스타일과 장점을 세분화해서 정리했다. '일을 더 잘하고 싶다'라는 마음가짐에서 시작된 나의 첫 번째 '일 공부'였다.

### 고객상담팀 김○○님

**[업무 스타일]**

1) 상담시 반복되는 내용 없이 빠르게 업무를 처리함.

2) 내가 평소 1분 넘게 설명하는 내용을 단 3줄로 깔끔하게 정리함.

3) 상담시 공통적으로 사용하는 멘트가 있고, 이를 상황별로 알맞게 사용함.

4) 업무의 프로세스를 잘 이해하고 있어서 일의 처리가 빠름.

**[업무 장점]**

1) 고객이 하는 말의 의도를 정확하게 파악해 그들이 원하는 정확한 답변을 줌.

2) 특히 고객의 다양한 불만을 해결하는 노하우를 가지고 있어 고객의 문제를 쉽게 처리함.

3) 업무처리 속도도 빠르지만 상담에도 실수가 없고 심지어 음성이 상냥하기까지 함.

주변에 일을 잘하기로 소문난 '일잘러'를 찾아보고, 그들이 일하는 모습을 세세히 살펴보면 효율적인 일처리 방법과 그 사람만의 특별한 업무 스타일을 파악할 수 있다. '그 사람은 왜 일을 잘할 수밖에 없을까?' '왜 이런 상황에서 저런 방법으로 일을 처리했을까?'에 대해 주의를 기울이며 상대의 암묵지식을 나만의 언어로 세세하게 정리해 보자.

## 상대의 지식을 나에게 적용해 보는 과정을 거친다

일의 한계를 극복하기 위해서는 단순히 전문가를 찾아 그 방법을 배우는 데서 그치는 것이 아니라 세세하게 분석한 상대의 지식을 자신에게 적용하는 과정을 반드시 거쳐야 한다. 일을 잘하는 사람들의 업무 스타일과 장점을 관찰하고 세분화시키다 보면 나의 문제점을 발견할 수 있다. 또한 다양한 업무 스타일과 성향 중 '모방이 가능한 부분은 무엇인지?' '나에게 적용해 볼 내용은 무엇인지' 등을 파악할 수 있다. 이를 통해 '업무를 할 때 나의 문제점은 무엇인지' '나는 어떤 상황에서 일의 감각을 좀 더 잘 발휘할 수 있는지' 스스로 살펴보면서 상대의 지식을 나에게 새롭게 적용해 보자.

**[업무시 나의 문제점]**

- 불필요한 말들을 자주함.
- 업무처리 속도가 느리고 간결하게 핵심만 정리해서 말하지 못함.

**[나에게 새롭게 적용해 볼 내용]**

- 오전과 오후 인사말을 다르게 하여 처음 만나는 고객의 기분을 즐겁게 만들어 보자.
- 상담시 자주 반복되는 멘트를 노트에 적어 놓고 상담 때마다 조금씩 바꿔가며 적용해 보자.

## ❖ 일의 한계를 극복하기 위한 4단계

1) 탁월한 전문가를 찾는다.
2) 탁월한 전문가의 지식을 쉽게 익힐 수 있도록 세분화한다.
3) 탁월한 전문가의 장점 중 모방 가능한 점을 찾는다.
4) 탁월한 전문가의 지식을 나의 업무에 새롭게 적용하는 과정을 거친다.


오랜 시간 동안 터득한 지식을 효율적으로 배우기 위해서는 상대의 지식을 쉽게 익힐 수 있도록 세분화해서 자신에게 적용하는 과정을 반드시 거쳐야 한다. 회사나 주변에서 일을 잘하는 탁월한 전문가는 누구인지 찾아보고, 그들의 업무 스타일과 장점은 무엇인지 적어보자. 또한 상대방의 장점 중 모방 가능한 점과 나의 업무에 바로 적용할 수 있는 내용을 하나씩 정리해 보자. 이는 자신의 업무 스타일을 효율적으로 증진시키며 숨겨진 노하우와 일의 발전을 촉진시킬 수 있는 기본 바탕이 될 것이다.

# 일의 기준을 명확하게
# 세우는 방법

**#일의_기준**

규모가 큰 국제행사의 진행을 맡은 적이 있었다. 행사를 앞두고 혹시나 하는 걱정스런 마음에 동료 진행자들에게 조언을 요청했다. 그런데 대부분의 진행자들은 '그때그때 상황마다 다르니 잘 대처해야 한다'는 말로 두리뭉실한 조언을 해주었는데, 그중 한 명은 다음과 같이 명확하게 이야기해 주었다.

"현아, 내가 진행을 할 때 가장 중요하게 생각하는 기준은 3가지가 있어. 첫째는 행사의 목적이야. 두 번째는 행사의 흐름과 출연자 동선 체크이고, 세 번째는 행사시간 준수와 돌발상황 대처야. 하나씩 설명해 줄게. 우선 첫 번째는 …"

불쑥 전화를 걸어 물어보았는데도 그는 자신이 하는 일의 기준과 절차에 대해 막힘없이 설명해 주었다. 그와 대화를 나누면서 '아, 이 친구는 자신의 분야에서는 무엇이든 물어보거나 도움을 요청해도 해결해 줄 수 있는 탁월한 전문가구나' 하는 믿음이 갔다.

탁월한 전문가들이 매번 좋은 성과를 올리는 이유는 일에 대한 명확한 자기 기준을 가지고 있기 때문이다. 이들은 우선순위를 세워 절차에 따라 실행하고, 상황에 따라 계획을 유연하게 수정하며, 대처할 방법을 찾는 과정의 반복을 통해 자신만의 일의 기준을 만든다. 그럼 탁월한 전문가들은 명확한 일의 기준을 어떻게 세우고 있는지 살펴보자.


## 일의 절차를 구체적으로 정리한다

일을 잘하는 사람들은 일을 잘 마치기 위해 '이 일을 어떤 순서로 진행해야 일의 완성도를 높일 수 있을까?'를 고민하며 세부적인 절차를 미리 세워 둔다. 이를 통해 일의 전체적인 흐름을 쉽게 파악하는 것이다. 예를 들어 하루 일과를 시작하기

전에 '혼자회의'를 하며 그날의 업무 순서를 다음과 같이 정리
해 보는 것이다.

❖ **'혼자회의' 순서**

1. 혼자회의 선언
   1-1 "지금부터 혼자회의를 시작합니다"라고 말한다.
2. 혼자회의 근황보고
   2-1 최근 자신의 상황에 대해 자기 자신에게 보고한다.
3. 혼자회의 To Do 리스트
   3-1 해결해야 할 문제를 모두 적는다
   3-2 '어떻게 되면 좋을까?'라는 목표를 설정한다.
   3-3 '어떻게 하면 그렇게 될까?'라는 질문에 '○○한다'의 형태로 To
   Do 리스트를 적는다.
   3-4 우선순위를 정해두고 중요한 일부터 처리한다.

이처럼 처리해야 할 업무를 구체적으로 정리하고, 일의 절
차를 순서대로 세우는 과정의 반복을 통해 자신만의 프로세스
를 만들면 매번 새롭게 고민하는 시간을 줄이고 일의 리듬을
찾으며 명확한 일의 기준을 세울 수 있다(이때 Microsoft To Do
앱을 사용하면 일의 세부적인 절차를 세우는데 도움이 될 것이다. 자세
한 내용은 Tip '센스디렉터의 앱 추천'을 참고하기 바란다).

## 일의 목적과 진행 방향을 체크한다

    일을 잘하는 사람들은 일을 시작하기 전에 자신이 하는 일의 목적을 먼저 파악한다. 그리고 자신이 열심히 진행한 일이 전혀 다른 결과로 이어지지 않도록 다음과 같은 질문을 항상 머릿속에 염두에 둔다.

'이 일은 무엇을 위해 하는 것인가?'
'이 일은 어떤 과정을 통해 원하는 결과를 낳는가?'

    이러한 질문을 통해 '지금 하고 있는 일이 어떤 의도와 목적을 가지고 있는지'를 정확히 파악할 수 있다. 이때 일의 진행 방향을 수시로 확인하면 최종 목적지에 도달하기까지 발생할 수 있는 변수들을 미리 예측하여 쓸데없는 곳에 에너지를 낭비하지 않고 원하는 결과를 만들어 낼 수 있다.

## 일의 마감시간을 정하고 실제 소요시간과 비교한다

일을 잘하는 사람들은 일을 시작하기 전에 마감시간을 반드시 설정한다. '이번 보고서는 1시간 안에 끝낸다'처럼 자신만의 마감시간을 미리 정해 놓는 것이다. 이때 단순히 '마감시간 안에 업무를 끝냈느냐'만 확인하고 그치는 것이 아니라 '내가 예측한 시간과 실제 업무를 마치는데 소요된 시간을 비교'하는 것이 중요하다.

만약 내가 업무를 마치는데 예상한 시간이 30분인데, 실제로 업무를 하면서 걸린 시간이 50분이라면 무엇 때문에 20분이 더 걸렸는지, 시간을 단축시킬 방법은 없는지 등 오차범위를 줄일 수 있는 방법을 찾아야 한다. 그렇게 마감시간과 실제 소요시간과의 오차를 줄여 나가다 보면 나의 업무속도를 정확히 예측할 수 있기 때문에 생산성을 높이고 업무시간을 좀 더 효율적으로 사용할 수 있게 된다(이때 Time Timer라는 앱을 사용하면 업무시간에 좀 더 집중할 수 있도록 도와줄 것이다. 자세한 내용은 Tip '센스디렉터의 앱 추천'을 참고하기 바란다).

# 일의 눈치와 센스를
# 키우는 방법

**#눈치 #센스**

    일터에서 눈치가 없어 고민하는 사람들을 보면 몇 가지 공통점을 가지고 있다. 바로 '하지 말아야 할 것'과 '해야 할 것'을 잘 구분하지 못한다는 것이다. 아직 다양한 업무 기술과 일의 이해도가 높지 않은 신입사원들의 경우는 '해도 될까?' 생각이 들어서 하면 '시키지도 않았는데 왜 마음대로 하냐'고 혼나고, '하지 말아야 되나?' 판단해서 하지 않으면 '눈치 없이 딱 시키는 것만 하느냐'고 핀잔을 듣게 된다.

    일터에서 눈치가 있다는 것은 '분위기를 읽는 힘'을 말한다. 뭔가 이상하거나 하지 말아야 될 타이밍을 직감하는 것이다. 따라서 눈치는 빠른 속도가 필수이다. 눈치가 빠르다는 것은 불편한 상황을 만들거나 다른 사람을 불편하게 하지 않는 것이다. 즉, 무엇을 하기보다는 무엇을 하지 말아야 하는지 빠르게 파악해야 한다.


## Not To Do List(무엇을 하지 말아야 하는가)를 적어보자

일터에서 눈치가 없다는 말을 듣는 사람은 '무엇을 해야 하는지'가 아니라 '무엇에 주의를 기울여 하지 말아야 하는지'를 먼저 찾아야 한다. 만약 일터에서 실수를 하거나 지적을 당한 경우가 있다면 Not To Do List(무엇을 하지 말아야 하는지)를 적어볼 필요가 있다.

Not To Do List를 정리할 때는 해당 분야를 처음 접하는 사람들이 봤을 때도 회사 분위기와 상황을 파악하는데 도움이 될 수 있도록 최대한 상세하게 적어보자. Not To Do List를 정리하면서 얻을 수 있는 장점은 누구도 상세히 말해 주지 않지만 반드시 알아야 하는 회사 내의 암묵적인 규칙과 분위기를 파악할 수 있고, 동일한 실수를 반복하지 않도록 일의 눈치를 키울 수 있다는 점이다. 자신의 시행착오를 통해 '무엇을 하

## ❖ 하지 말아야 할 일의 리스트(Not To Do List)

1) 작업하는 과정을 공유하지 않고 한 번에 결과로 보여주겠다고 생각하는 것
2) 스스로 방법을 찾아보지 않고 문제해결이 안 될 때마다 물어보는 것
3) 맡은 일을 언제까지 끝내야 하는지 물어보지 않는 것
4) 빨리, 급한 일, 내일까지 등 애매한 표현을 어림짐작해서 생각하지 않는 것

지 말아야 하는가?'를 미리 파악해 일터에서 눈치가 없어 분위기를 망치는 경우를 최소화해 보자.


## To Do List(무엇을 하면 더 좋을까)를 적어보자

일을 할 때 눈치는 기본이고, 센스는 그다음이다. 눈치가 '무엇을 하지 않는 것'에 가깝다면, 센스는 '이 일을 수월하게 하기 위해 무엇을 하면 더 좋을까?'에 더 가깝다. 눈치는 몇 번의 시행착오를 통해 스스로 판단할 수 있는 기준이 생기면 어느 정도 생겨나지만, 센스는 단순히 시키는 일만 한다고 해서 저절로 생겨나지 않는다. 일의 시작부터 끝까지 미리 발생할

수 있는 돌발상황이나 변수들을 미리 예측해 보고 발생할 문제에 대해 사전에 대비해 놓아야 예측 가능한 센스가 생길 수 있다.

자신이 적어둔 Not To Do List를 수월하게 해결하기 위해서는 무엇을 하면 좋을지 미리 생각한 뒤 실행으로 옮겨보자. 일을 하면서 센스가 있다고 칭찬을 받았거나 생각보다 일이 잘 풀리면서 좋게 마무리된 경험이 있었다면 다음과 같이 To Do List를 해결책처럼 적어보는 것이다.

1) 작업하는 과정을 미리 공유하지 않고 한 번에 결과로 보여주겠다고 생각하는 것 (눈치)

→ **일의 진행 중 중간보고를 통해 일의 목표와 방향을 한 번 더 확인한다. 방향을 다르게 잡은 경우 결과에 가까운 사례를 참고해 본다. (센스)**

2) 문제해결이 안 될 때마다 스스로 방법을 찾아보지 않고 상대에게 바로바로 물어보는 것 (눈치)

→ **질문을 하기 전에 최소한 스스로 충분히 알아보고 해결하려는 습관을 먼저 가지도록 한다. 질문이 구체적이어야 돌아오는 답변도 구체적이게 된다. (센스)**

일을 잘한다는 기준은 일의 종류와 직책에 따라 각각 달라지기 때문에 부분적으로 시킨 일만 하기보다는 전체적인 분위기를 파악하고 있어야 한다. 일센스는 전체를 아울러 통합하는 능력과 유연하게 문제를 해결할 수 있는 능력이 있어야 좋은 결과를 만들어 낼 수 있다. 한 해가 시작되거나 새로운 프로젝트를 시작할 때 하지 말아야 할 일들(Not To Do List)을 먼저 적어보도록 하자. 또한 작성한 Not To Do List를 해결할 수 있는 나만의 To Do List는 무엇인지 적어보자.

## Microsoft To Do

시중에는 다양한 생산성 도구들이 있는데, 그중 Microsoft To Do 앱은 직관적으로 쉽게 사용할 수 있는 '할 일 관리' 앱이다. MS To Do의 가장 큰 특징은 할 일을 세부적으로 관리할 수 있다는 것으로, 일의 항목당 '단계 추가'를 통해 일의 세부사항을 추가할 수 있으며, 세부사항의 순서를 드래그로 쉽게 바꿀 수 있다. 특히 MS의 프로그램을 자주 사용하는 사람들은 스마트폰과 PC에서 호환해 사용하면 편리하다.

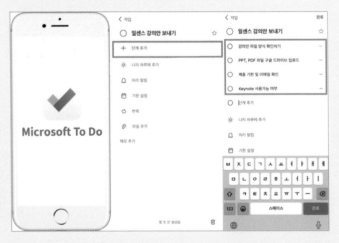

일의 우선순위를 세워 절차에 따라 실행하고 일의 세부단계를 설정함으로 유연하게 할 일 관리를 할 수 있다.

## Time Timer

플레이스토어나 앱스토어에서 '타임 타이머(Time Timer)'로 검색하면 앱을 다운받을 수 있다. 타이머 시간을 설정하면 빨간 원이 줄어드는데, 이는 마감시간에 맞춰 고도의 집중력을 발휘할 수 있게 도와준다. 일의 집중력이 떨어진다면 일단 타임 타이머를 25분(성인이 집중할 수 있는 평균시간)으로 설정해 놓고, 끝날 때까지 하나의 업무에 집중해 보자. '빨간색 원이 사라지기 전에 무조건 끝내겠다'는 마음으로 집중해 보고, 내가 예측한 시간과 실제 업무를 마치는 데 소요된 시간을 비교해 보며 오차를 차츰 줄여나가자. 이 방법이 익숙해지면 언제 어디서나 몰입력 높게 일을 하고 있는 당신을 발견할 수 있을 것이다.

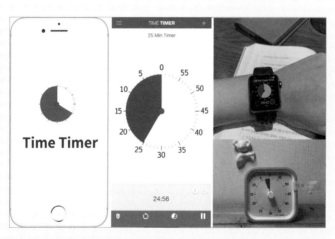

시각적인 긴장감이 집중력을 높이고 다양한 환경에서도 남은 시간을 직관적으로 알 수 있다. 단순하지만 강력한 효과가 있다.

2

정보를
업데이트하는 일

Work

최근 지인이 영상 편집을 배우기 시작했다. 하지만 편집 실력이 생각만큼 빨리 늘지 않는다며 힘들어했다. 나는 그 친구에게 도움이 될 만한 몇 개의 유튜브 채널을 추천해 주었는데, 얼마 지나지 않아 유튜브 환경에 빠르게 적응하기 시작했다. 수많은 영상을 비교해 보면서 자신에게 필요한 기술을 빠르게 습득해 나갔다. 또 해외 최신 트렌드를 반영한 채널을 새롭게 구독하며 부족한 정보의 틈을 능동적으로 채워 나갔다. 이렇게 얻은 정보를 자신의 영상에 적용하면서 빠르게 실력을 쌓아갔다.

코로나 팬데믹 당시 기업들은 재택근무와 비대면 회의를 도입하는 등 빠르게 변화에 대응했다. 그리고 변화를 기회로 삼은 사람들은 '일단 하면서 본다'라는 생각으로 직접 부딪혀 가며 빠르게 적응력을 키워 나갔다. 모든 분야에서 오프라인의 온라인화가 가속화되자 온라인과 오프라인을 빠르게 잘 넘나들며 정보를 유연하게 활용할 수 있는 사람들이 차별화를 만들어 내는 경쟁력을 갖게 된 것이다.

이번 장에서는 정보를 업데이트하기 위한 정보관리의 4단계(수집, 정리, 정돈, 공유)를 통해 일의 생산성과 능률을 높이는 방법에 대해 알아보자.

# 정보를
# 수집하는 방법

#정보수집 #정보정리

정보를 관리하는 방법은 총 4단계로 구분해 볼 수 있다. 우선 첫 번째는 필요한 정보를 쉽게 모으는 정보의 수집단계이다. 두 번째는 정보의 유익함을 판단하여 필요 없는 것은 버리는 정보의 정리단계이다. 세 번째는 언제 어디서나 원하는 정보를 바로 찾을 수 있도록 만드는 정보의 정돈단계이다. 그리고 마지막은 핵심내용을 공유하는 정보의 공유단계이다.

정보관리는 이러한 4단계의 과정을 거치면서 수많은 양의 빅데이터를, 일의 성과를 내는데 도움이 되는 나만의 스몰데이터로 만들어 낼 수 있다. 그럼 일센스를 높이기 위한 정보수집과 정리 방법에 대해 자세히 살펴보도록 하자.

## 정보 수집 과정은 최대한 단순하게 만든다

정보관리의 첫 번째 단계인 '정보 수집' 단계는 취미나 연구를 위해 여러 가지 데이터나 재료를 찾는 것을 말한다. 이때 여러 정보들을 모으다 보면 필요 없는 정보도 함께 쌓이게 된다. 일에 도움이 된다고 생각해 많은 정보들을 수집하지만 막상 필요할 때 찾아보면 가치 없는 내용들로 가득 차 있는 것이다. 따라서 정보를 수집하는 단계에서는 '이 정보가 나에게 도움이 되는 정보인가'를 빠르게 판단해야 한다.

"또 볼 거 같아?"

우리가 보는 정보의 양은 수없이 많기 때문에 정보를 수집하는 과정을 최대한 단순하게 만들어 놓아야 한다. 정보를 볼 때 업무에 도움이 되거나 일의 성과를 내는데 사용할 수 있는 정보라는 생각이 들면 일단 저장하는 습관을 들여 보자(또 볼 거 같으면 일단 저장). 이때 '포켓(poket)' 앱을 활용하면 편리하게 정보를 수집할 수 있다('포켓'에 대한 설명은 Tip '센스디렉터의 앱 추천'을 참고하기 바란다).

## 정보의 출처와 신뢰성을 통해 가치를 판단한다

　정보관리의 두 번째 단계는 '정보 정리' 과정이다. 정보를 정리하기 위해서는 주기적으로 쏟아져 나오는 수많은 정보들 중에서 내가 하는 일에 도움이 되는 정보와 그렇지 않은 정보를 구분해야 한다. 일정 기간 동안 정보를 수집했다면 모아둔 정보를 살펴보면서 다음 질문을 던져보자.

"신뢰할 만한 사람이 쓴 정보일까?"

"정보의 출처는 어디인가?"

　먼저 '글쓴이는 신뢰할 만한 사람인가?' '정보의 출처는 어디인가?'처럼 출처의 신뢰성을 판단해야 한다. 글쓴이가 어느 분야의 전문가인지, 어떤 주제를 가지고 오랫동안 인정을 받았는지, 꾸준하게 한 주제에 대한 글을 썼는지 등 정보의 지속성과 글쓴이의 전문성을 평가해 보고, 내가 알고 있는 지식과 일치하는지 확인해 보자. 또한 정보의 게시일자가 너무 오래된 것은 아닌지, 현실과 동떨어진 정보는 아닌지도 확인해야 한다.

## 시간을 두고 필요 없는 정보를 주기적으로 정리한다

정리·정돈을 직업으로 하는 컨설턴트들은 "정리는 필요 없는 것을 버리는 과정이며, 정리하고 나면 쓰레기가 생긴다"고 말한다. 따라서 나에게 무엇이 필요하고 필요하지 않은지 판단해 과감하게 버릴 수 있어야 정말 필요한 것만 남게 된다. 정보를 정리할 때는 시간적인 개념을 가지고 정보의 유용함을 판단해 볼 필요가 있다. 지금 보는 정보의 쓸모를 현재와 미래로 나누어 (당장은 중요하지만 나중에는 필요 없는 정보인지, 당장은 필요 없지만 나중에 유용하게 활용할 수 있는 정보인지) 판단하는 것이다.

그리고 정해진 날짜에 분리수거를 하듯 시간을 정해 두고 수집했던 정보들 중에서 필요 없는 정보를 찾아내 버려야 한다. 일주일에 한 번 또는 한 달에 한 번처럼 시간을 정해 놓고 주기적으로 정보를 정리하는 습관을 가지도록 하자.

'이것은 시간이 지나도 가치가 있는 정보인가?'

좋은 정보를 수집하기 위해서는 정보의 좋고 나쁨을 스스로 판단할 수 있어야 한다. 수집한 정보를 무조건 받아들이기 전에 현실성 있는 내용인지 신뢰할 수 있는 사람이 쓴 정보인지 확인하고, 시간을 두고 정보의 가치를 판단해 보자. 불필요한 물건을 골라내는(버릴 수 있는) 정리 작업을 반복하다 보면 당신의 정보 정리력은 한층 좋아질 것이고, 유용한 정보를 빠르게 구별해 낼 수 있는 판단력도 좋아질 것이다.

# 정보를
# 정돈하는 방법

**#정보정돈**

'아, 그게 어디 있지? 이쯤 있었던 것 같은데…'

일을 하다 필요한 자료를 찾지 못해 시간을 빼앗긴 적이 한 번쯤은 있을 것이다. 업무 중 많은 시간을 빼앗는 것 중 하나가 바로 필요한 물건이나 자료를 제자리에 두지 않아 찾아 헤매는 시간이다. 평소 정돈을 잘 해놓지 않으면 원하는 자료를 찾는데 시간을 낭비하게 되고, 업무의 흐름이 깨지게 된다.

일의 집중도와 생산성을 높이려면 '이건가? 저건가?' 다 들춰보지 않고, '그건 여기에 있지!' 하고 내가 원하는 정보를 바로 찾을 수 있도록 분류 기준을 명확하게 세워놓고 정보를 정돈해야 한다.

정보관리의 세 번째 단계는 '정보 정돈'이다. 정돈이란 '정리하고 남은 것들을 다시 쉽게 찾아 사용할 수 있도록 만드는 것'이다. 자신이 잘 기억할 수 있도록 이름표를 붙여 서랍장에 분류해 놓거나 폴더에 자세히 제목을 기록해 놓는 것이다. 이처럼 평소 내가 가진 자료를 언제든 쉽게 꺼낼 수 있도록 정돈해 놓아야 원하는 정보를 바로 찾을 수 있고, 이를 통해 업무의 흐름과 생산성을 높일 수 있다. 그렇다면 원하는 정보를 쉽게 찾을 수 있도록 정보를 정돈하는 방법을 살펴보자.

## 디지털 노트의 검색 기능을 활용하자

아날로그와 디지털의 가장 큰 차이는 검색에 있다. 디지털로 정보를 정돈하면 '검색'이라는 기능을 통해 원하는 정보를 쉽고 빠르게 찾아낼 수 있다(디지털 노트의 종류에 따라 손 글씨나 이미지 안에 있는 텍스트까지도 쉽게 검색이 된다). 정보를 정돈할 때는 처음부터 검색이 쉽도록 구체적으로 저장하는 습관을 들이는 것이 좋다. 왜냐하면 저장해 두는 정보의 양이 많아지거나 시간이 오래 지나면 '내가 뭐라고 입력해 놓았지?'라며 기억이 나지 않아 저장된 자료를 일일이 다시 찾아봐야 하는 경우가 생기기 때문이다. 예를 들어 미팅 내용을 저장해 둘 때는 간략하게 제목만 적는 것보다 회사, 참석자, 시간, 장소 등 가능한 구체적으로 저장하는 습관을 들이면 언제든 원하는 정보를 쉽게 찾을 수 있다.

'유튜브 미팅' → '○○회사 유튜브 촬영기획 미팅 - 김학선 부장, 최고봉 대리, 2023년 3월 15일, Wework 서울역, 미팅내용_PDF'

## 다양한 범주의 태그를 사용하자

디지털로 정보를 저장할 때 '태그'를 사용하면 이 정보가 어디에 속하는 정보인지 쉽게 분류할 수 있다. 우리가 옷을 사면 작은 종이에 품번, 소재, 사이즈, 세탁방법 등 옷에 대한 정보가 적혀 있는 것처럼, 정보를 정돈할 때에는 자료의 핵심내용이나 큰 범주의 카테고리(예를 들면 파일 타입을 나타내는 용어 #pdf #ppt #png #jpg 등)를 태그를 사용해 구체적으로 저장해놓으면 파일 타입으로도 쉽게 검색할 수 있다. 만약 내가 저장해 놓은 정보를 바로 검색해서 찾을 수 없다면 '검색 제목은 구체적인지' '태그를 다양하게 적어 놓았는지' 다시 한 번 확인해 보자.

## 폴더의 분류를 최소화하자

PC에 파일을 정돈할 때 처음부터 지나치게 폴더별로 세분화하여 분류를 해놓는 경우가 많다. 이 경우 매번 정돈을 할 때마다 '이것은 어디에 놓아야 하는 거지?' 하고 고민하는 횟수가 늘어난다. 따라서 쉽게 정보를 분류할 수 있도록 선택지를 줄여야 한다. 원하는 정보를 찾기 쉽게 폴더의 분류를 최소화하는 것이다. 필자는 노트북에 inbox, outbox, ing 세 개의 폴더로 정보를 단순하게 분류한다. 수집하거나 받은 정보는 'inbox', 직접 만들거나 공유할 정보는 'outbox', 현재 작업 중인 정보는 'ing' 하는 식으로 단순하게 분류를 하고 있다. 이렇게 자료 분류를 최소화해 놓으면 자료를 찾을 때 '이 내용은 inbox인가, outbox인가, ing인가' 하고 생각하는 과정에서 1차적으로 머릿속에 정보가 정돈된다.

수집하거나 받은 정보인가? → 'inbox'에 넣자
직접 만들거나 공유할 정보인가? → 'outbox'에 넣자
현재 작업하고 있는 정보인가? → 'ing'에 넣자

이처럼 'A와 관련된 것은 여기, B와 관련된 것은 저기' 하는 식으로 정보의 분류를 최대한 단순화시키는 것이다. 이렇게 정보를 정돈하는데 익숙해지면 폴더 안에 세부 항목들을 하나씩 늘려가는 식으로 자신의 스타일에 맞게 디지털 정보를 정돈해 보자.

정보를 잘 정돈하고 있는지 확인하는 방법은 '내가 원하는 정보를 언제, 어디서든 바로 찾을 수 있는가'이다. 평소 정보를 단순하게 분류하는 습관을 들이고, 흩어진 정보를 한곳에 모

폴더는 최대한 단순하게 분류해서 고민하는 시간을 줄이고 차츰 세부항목을 늘려보면서 자신만의 스타일로 정돈해 보자.

2. 정보를 업데이트하는 일

아 나중에 쉽게 검색해 찾아볼 수 있도록 정보를 정돈해 놓으면 필요한 자료를 찾느라 시간 낭비하는 일 없이 업무의 흐름과 생산성을 한층 높일 수 있다.

# 정보의 핵심을
# 공유하는 방법

**#정보공유**

　일을 하다 보면 자신이 만든 자료를 팀원들이나 직장 상사에게 공유해야 하는 경우가 자주 발생한다. 이때 자신이 정리한 정보를 단순히 '전달'하는 것에서만 그치게 되면 그 자료는 결코 관심 있게 읽히지 않는다. 따라서 문서화된 자료를 공유할 때는 자료를 가장 잘 알고 있는 작성자가 상대방의 시간을 줄여 줄 수 있는 방법으로 정보를 공유해야 한다.

"당신이 공유한 자료가

상대의 시간을 얼마나 절약해 주는가?"

정보를 관리하는 마지막 단계인 '정보 공유'에서는 상대의 시간을 줄여 줄 수 있도록 정보를 '요약'해 주는 것이 핵심이다. 즉, 상대방이 '잠깐이라도 시간을 내서 읽어봐야겠구나' 하는 생각이 들 수 있도록 핵심정보만 쉽게 요약해야 한다. 그렇다면 문서화된 정보를 어떻게 공유해야 하는지 구체적인 방법을 알아보자.

## 공유할 내용을 3줄로 핵심만 요약해 보자

문서의 경우 자료의 양이 많아지면 전체를 모두 읽기 힘들다. 바쁜 업무시간에 모든 내용을 하나하나 꼼꼼히 읽어보기에는 시간이 턱없이 부족하기 때문이다.

**[○○회사 미팅 관련 주요 내용 → 링크 참고]**

만약 이처럼 미팅 안건을 공유하면 링크를 클릭해 관련 내용을 처음부터 끝까지 다 읽어 보아야 하기 때문에 자료를 공유해도 읽지 않거나 나중에 봐야겠다는 생각에 대충 넘기게 된다. 따라서 회의나 미팅을 하기 전에 읽어야 하는 중요 자료의 경우에는 핵심포인트가 무엇인지를 정확하게 표시해서 함께 공유해야 한다.

**[○○회사 미팅 관련 주요 내용]**

일시 : 2023년 3월 30일 오후 2시

장소 : 대회의실

1. 인트로 영상 기획

2. 고객 이벤트 리뷰

**3. 신규 제휴사 프로모션 → 링크 참고**


이렇게 정보를 공유하면 단순히 '오늘 ○○회사와 미팅이 있구나'가 아니라 '오늘 오후 2시 대회의실에서 ○○회사와 미팅이 있고, 핵심 안건은 3가지, 그중 신규 제휴사 프로모션이 오늘의 주요 안건이구나'라고 한눈에 쉽게 파악할 수 있다. 따라서 자료를 공유하기 전에 '내가 이 자료를 공유하는 이유는 무엇인지' '상대방이 이 자료를 읽고 무엇을 준비해야 하는지' 고민해 보면서 상대의 시간을 줄여 줄 수 있도록 자료를 정리해 보자.

## 참고할 자료의 결과물을 함께 첨부하자

자료를 공유할 때 이미지나 영상 등 시각적으로 참고할 수 있는 자료를 첨부한다면 상대방은 좀 더 명확하게 전체적인 윤곽을 그릴 수 있다. 즉, '오늘의 결과물은 이런 것이 나올 것이다'처럼 완성된 결과물의 이미지를 세부적인 내용과 함께 첨부하는 것이다.

1. 인트로 영상 기획 참고 레퍼런스 : ○○기업 영상 → 링크 참고

2. 고객 이벤트 리뷰 : 성공적인 이벤트 사례 뉴스기사 → 링크 참고

3. 제휴사 프로모션 : 제휴사의 핫한 인스타그램 이미지 → PDF 참고

이처럼 내가 만든 자료를 상대에게 공유할 때 '시간을 절약해 줄 내용 요약'과 '이미지화할 수 있는 참고자료'를 신경 써서 공유한다면 상대도 내용을 주의 깊게 살펴보며 '무엇을 해야 하는지'에 대해 이해하고 효율적으로 일을 할 수 있을 것이다. 이때 상대방이 놓칠 수 있는 정보에는 간단한 주석(p.s)을 달아주도록 하자. 예를 들면 'p.s 영상 중 4분 30초 ~ 45초 장면 꼭 확인 부탁드립니다' 'p.s 2번째 이벤트 기사 리뷰 꼭 확

인 부탁드립니다'처럼 말이다. 물론 이미지를 직접 캡처하거
나 원하는 장면이 바로 나올 수 있도록 영상 시작 구간을 설정
해 공유하는 것도 좋다.

## Tip 센스디렉터의 앱 추천

### 포켓

포켓은 정보를 한곳에 쉽고 빠르게 모을 수 있는 정보 수집 도구로, 새로운 정보를 수집할 때 사용하면 유용하다. 사용방법이 직관적이고 간단하기 때문에 스마트폰으로 보는 정보 중 다시 볼 가치가 있는 기사나 동영상은 일단 포켓에 저장해 놓는다. 기사의 공유 버튼을 클릭하고, 포켓의 추가(+) 버튼을 누르면 바로 저장이 된다. 저장한 자료 중 시간을 두고 다시 보고 싶은 내용은 디지털 메모장에 옮겨 두거나 필요 없는 정보는 바로 버리도록 하자(안드로이드는 기본 인터넷 앱에서, 아이폰은 사파리 앱에서 더욱 원활하게 사용가능하다).

업무와 관련된 자료나 동영상을 쉽고 빠르게 포켓에 저장해 두고, 시간을 정해 주기적으로 정리하여 필요 없는 정보를 삭제하자.

## 네이버메모

평소 아날로그에 익숙하거나 디지털 메모장을 사용하지 않았다면 우선 직관적이고 단순한 '네이버 메모' 앱을 사용해 보자. 간단한 텍스트나 사진을 손쉽게 저장할 수 있는데, 자신이 평소 쓰는 다이어리나 업무일지를 사진으로 찍어 디지털 메모장에 저장한 후 제목을 달아두면 언제 어디서나 원하는 정보를 쉽게 찾을 수 있고, 디지털 노트에도 차츰 적응이 될 것이다.

개인 아이디어, 수첩, 다이어리 등 아날로그의 디지털화를 위해 사용이 쉽고 검색이 가능한 네이버 메모장을 사용해 보자.

# 정보를
# 디자인하는 일

Work

상품 판매를 하는 영업사원을 만난 적이 있었다. 그는 상품과 관련된 설명을 열심히 했지만, 도대체 무슨 말을 하는지 집중이 되지 않았다. 지루해 보이는 나의 표정을 본 그가 서둘러 가방에서 상품소개서를 꺼냈는데, 얼핏 봐도 굉장히 세련되고 심플하게 디자인된 자료였다. 나는 자료를 흥미롭게 본 뒤 그에게 "혹시 직접 만드신 자료인가요?"라고 물었더니 그는 이렇게 말했다.

"제가 말하는 게 서툴러서 어떻게 설명을 보완하면 좋을지 고민하다 상품소개서를 직접 만들어 봤어요. 제조회사에 대한 정보와 상품의 핵심포인트를 매력적으로 디자인하려고 오랜 시간 고민했습니다."

우리가 무언가를 접할 때 가장 먼저 보게 되는 것이 디자인이다. 따라서 디자인은 첫인상을 보여주는 아주 중요한 요소가 된다. 만약 내가 만난 영업사원이 꺼낸 자료의 디자인이 촌스러웠거나 글자만 빼곡하게 적혀 있었다면, 혹은 자신이 직접 만들지 않고 회사에서 나눠준 자료였다면 설명이 끝날 때까지 나의 관심을 끌지 못했을 것이다.

상대에게 가치 있는 것을 제안할 때는 상대의 관심을 한눈에 사로잡을 수 있도록 정보를 함축적으로 보여주는 것이 중요하다. 이때 '핵심내용을 쉽게 파악할 수 있도록 정보를 시각적으로 디자인했느냐'에 따라 당신의 설득력은 달라질 수 있다. 이번 장에서는 상대의 관심을 한눈에 사로잡을 수 있도록 정보를 디자인하여 설득력을 높일 수 있는 방법에 대해 알아보자.

# 정보를
# 시각화하는 방법

#시각화 #도식화

정보를 시각화할 때에는 '핵심내용을 가장 먼저 눈에 띄게 보여주는 것'이 매우 중요하다. 보는 문서이든 읽는 문서이든 마찬가지로 하나의 중심 생각이 부각되어야 다른 정보와 쉽게 구분할 수 있기 때문이다. 정보를 시각화하기 위해서는 다음과 같은 항목을 고려해야 한다.

## 핵심내용을 얼마나 눈에 띄게 표시했는가?

정보를 시각화하기 위해서는 우리가 강조하려는 것에 가장 먼저 눈길이 머물 수 있도록 해야 한다. 시각적 효과를 주는 빨간색 원 모양의 타임 타이머처럼 핵심내용을 눈에 확 띄게 보여주는 것이다. 밑줄을 긋거나 글자의 서체를 두껍게 하거나 간단한 도형을 사용해 핵심정보를 구분할 수도 있다. 이때 핵심정보가 너무 많으면 시선이 분산되기 때문에 강조할 포인트를 최소화하고, 너무 복잡하지 않은 도형을 사용해야 한다.

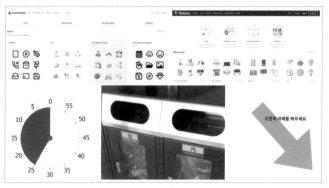

아이콘파인더

플랫아이콘

텍스트가 아닌 단순한 이미지나 아이콘, 픽토그램을 사용해 누구나 쉽게 알 수 있도록 정보를 눈에 띄게 시각화해 보자.

또한 핵심메시지를 텍스트가 아닌 시각적으로 두드러지게 부각시킬 수 있는 인포그래픽(Information Graphic)이나 아이콘을 통해 눈에 띨 수 있게 표시해 보자.

## 정보의 흐름을 읽을 수 있게 나타냈는가?

정보를 시각화할 때에는 핵심정보의 흐름을 읽을 수 있게 보여줘야 한다. 시각은 직관적이기 때문에 우리의 눈은 도형의 모양을 따라 자연스럽게 시선이 흘러간다. 따라서 정보의 흐름을 나타내거나 관계를 나타내는 간단한 도식을 사용해 정보를 디자인한다면 상대방에게 전체적인 맥락을 쉽게 전달하며 이해를 도울 수 있다.

다음 도표와 같이 현실에서 이상으로 가기 위한 제안을 통해 해결책을 제시하는 것이 도식화의 기본구조이다. 이처럼 정보의 흐름을 나타내기 위해 도식화할 때는 사각형에 현실을 나타내는 상태를 적어 넣고 왼쪽에서 오른쪽으로 화살표를 그린 다음 오른쪽 사각형 안에 이상적인 상태를 적어 넣는다. 제안에는 구체적인 사실과 데이터를 뒷받침할 수 있는 내용을

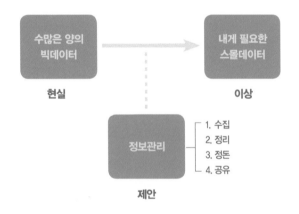

정보의 흐름을 읽을 수 있게 도식화한다면 많은 설명과 텍스트가 필요한 내용을 쉽게 요약해 전달할 수 있다.

하나씩 적어 나열한다.

정보가 어떤 흐름을 가지고 어떤 결과에 도달할 것인지 변화의 흐름을 쉽게 읽을 수 있도록 도식화해서 보여주면 데이터에 나타난 정보의 관계와 변화의 흐름을 통해 전체적인 맥락을 파악할 수 있다. 이처럼 정보를 시각적으로 디자인할 때는 핵심내용의 관계와 맥락을 쉽게 표시해 '어디에서 시작해서 어떻게 변화가 되는지' '서로 어떤 관계가 있는지' '변화의 흐름은 어떻게 보이는지' '결론은 어디로 가는 건지'를 한눈에 보이도록 체크해 보자.

정보의 흐름을 표시하게 되면 전체적인 맥락과 변화의 흐름을 한눈에 보면서 생각을 정리하거나 정보를 자연스럽게 시각화할 수 있다.

# 정보의 디테일을
# 찾는 방법

## #디테일

일반인과 디자이너의 차이는 '자신이 디자인하는 이유와 방법을 정확히 알고 있는가'에서 찾을 수 있다. 왜냐하면 디자이너는 자신이 생각하는 디자인을 정확하게 만들거나 디자인한 것을 다시 똑같이 재현할 수 있는 능력이 필수이기 때문이다. 예를 들어 디자이너가 '포스터를 노란색으로 출력'하기 위해서는 다음과 같은 세부정보를 알고 있어야 한다.

- 모니터 화면으로 보는 색상과 인쇄용 출력물의 색상이 다를 수 있다.
- 내가 원하는 인쇄용 모드의 노란색 CMYK 값을 찾는다.
- 다시 재현할 수 있도록 팔레트에 저장하거나 CMYK 값을 정확히 기억한다.

모니터에 보이는 색상을 눈으로 대충 확인하고 출력하는 것이 아니라 인쇄용 모드의 색상값(CMYK)을 정확히 알고 있어야 자신이 예측하는 노란색을 매번 정확하게 출력할 수 있다. 따라서 디자이너는 디자인을 할 때 '그냥' '대충' '느낌으로'라는 말보다는 디테일하고 정확한 정보를 가지고 있어야 언제든 내가 원하는 디자인을 다시 재현할 수 있다.

물론 우리가 디자이너가 아닌 이상 CMYK 값을 꼭 알아야 할 필요는 없지만, 우리가 정보를 좀 더 디테일하게 들여다볼 수 있으려면 콘텐츠를 그냥 수동적으로 받아들이는 사람이 아니라 만드는 사람의 입장에서 하나씩 깊게 살펴볼 필요가 있다. 디자인이 완성되기까지의 과정을 자세히 들여다보면 이전에는 알지 못했던 디테일을 발견해 낼 수 있기 때문이다. 그럼 이제 우리가 정보의 디테일을 구분하기 위해서는 어떻게 해야 하는지 하나씩 살펴보자.

## '디자인이 좋다'고 느끼는 구체적인 이유를 찾아보자

괜찮은 디자인이나 자료를 찾으려면 평소 디자인이 잘된

것들에 관심을 가지고 자세히 들여다보는 마음가짐이 필요하다. 일단 내 눈에 예뻐 보이고 좋아 보여야 관심이 생긴다. 먼저 업무와 관련된 발표자료나 기획서 또는 일상생활을 하면서 '디자인이 좋다'고 느끼는 것을 찾아보자.

만약 자신이 좋아하는 브랜드가 있으면 그 브랜드가 왜 좋은지, 그중 어떤 디자인이 좋은지, 그리고 무엇 때문에 그 디자인의 제품이 마음에 들었는지 생각해 보고, 좋다고 생각한 구체적인 이유를 찾아보자. 이때 중요한 것은 '그냥 좋은데'에서 그치는 것이 아니라 '좋은 이유는 ○○ 때문이야'라고 나만의 구체적인 이유를 적는 것이다.

예를 들면 디자인의 컨셉은 무엇인지, 메인 색상은 어떤 색을 사용했는지, 어떤 폰트를 사용했는지, 누구를 타깃으로 하고 어떤 이미지를 사용했는지, 어떤 방법으로 관심을 끌었는지, 어떤 도형을 활용해 핵심내용을 강조했는지를 살펴보면서 내가 좋다고 느끼는 구체적인 이유를 찾아보자.

"디자인이 좋은 이유는 ○○ 때문이야."

평소 관심 있는 것들을 자세히 들여다보며 디자인이 좋은

❖ **닥터자르트 마스크팩 디자인 예시**

1) 다양한 색상의 조합이 세련되고 눈에 잘 띄어서 눈길이 갔다.
2) 팩 포장지를 만져 보니 표면의 매트한 질감이 기분 좋게 느껴졌다.
3) 표장 디자인이 심플하고 너무 많은 설명이 없어서 오히려 무슨 상품 인지 궁금해졌다.


이유를 찾는 과정에서 '이 색상은 제품의 컨셉과 잘 어울리는 구나' '디자인 폰트가 제품의 분위기와 잘 맞는구나'처럼 제품의 로고, 폰트, 유행하는 색상 등 좋은 디자인의 공통점을 찾아보면 디자이너처럼 디테일한 정보를 하나씩 구분할 수 있게 될 것이다.


## 이 디자인을 어디에 적용하면 좋을까?


일을 하면서 디자인 작업이 필요할 때 '내가 좋다고 생각한 디자인을 어떻게 하면 비슷하게 재현해 낼 수 있을까?'를 고민해 보자. 앞에서 예로 들었던 '닥터자르트 마스크팩'처럼 다양한 색상 조합이 세련되고 눈에 잘 띄어 관심이 갔다면 '이 디자

폰트, 여백, 색상, 정렬, 사진, 질감, 줄간격 등 시각의 일관성을 주는 것이 중요하다. 자신이 좋다고 느껴지는 디자인을 찾아 최대한 비슷하게 만들어 보도록 하자.

인을 어떻게 적용하면 좋을까?'를 생각해 보는 것이다.

예를 들어 필자가 쓴 첫 책의 표지는 평소 좋은 디자인이라고 생각했던 닥터자르트의 마스크팩을 참고해 바탕색을 인쇄했다. 또 강의 제안서를 만들거나 PPT를 만들 때도 색상 배색을 참고해 디자인해 보았다. 물론 처음에는 서툴렀지만 이러한 과정을 계속 반복하다 보니 어느덧 내가 만든 디자인이 통일감 있다는 말을 자주 듣게 되었고 차츰 자신감도 생겨났다.

평소 마음에 드는 색상을 사진으로 찍어두면 어도비 배색 사이트(쿨러, kuler.adobe.com)를 통해 이미지에서 색상을 추출할 수 있다(자세한 내용은 Tip '센스디렉터의 앱 추천'을 참고하기 바란다).

이처럼 내가 표현하고자 하는 정보를 직접 디자인하기 위해서는 평소 디자인에 관심을 가지고 직접 만들어 봐야 좀 더

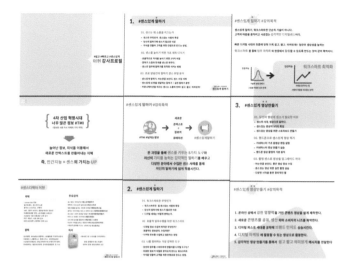

여러 장으로 구성된 문서를 마치 하나의 연결된 문서를 보고 있는 듯한 느낌이 들도록 시각적으로 연결해 보자.

디테일한 부분을 들여다볼 수 있다. 이렇게 해서 좋은 디자인을 찾고 디자인이 좋은 이유를 논리적으로 설명할 수 있는 디테일한 시각을 키웠다면 이제는 직접 디자인을 해보면서 내가 일하는 분야에도 적용해 보자.

# 문서를
# 디자인하는 방법

**#디자인**

 

디자인의 성공방정식은 하나이다. '자꾸 해봐야 실력이 늘어난다'는 것이다. 디자인을 디자이너만의 영역이라고 생각하거나 콘텐츠를 그냥 수동적으로만 보게 되면 디자인 센스가 좋아지기 어렵다. 디자이너가 아니라도 디자인에 관심을 가지고 좋은 디자인을 참고하다 보면 비슷한 결과물을 만들어 낼 수 있다. 결과를 만들어 내기까지의 경험을 통해 세세한 부분을 고민하며 자신이 좋다고 느끼는 디자인을 직접 만들어 보아야 당신도 디자인에 대한 감각이 좋아질 수 있다. 그렇다면 우리가 자주 사용하는 문서의 디자인 방법에 대해 알아보도록 하자.

## 최종 완성된 결과물을 찾아보자

    필자는 '포스터' 검색을 통해 많은 아이디어를 얻을 수 있었다. 포스터의 경우 한 장의 이미지에 많은 것을 집어넣기보다는 중요한 핵심을 살리면서 메시지를 강력하게 전달하기 때문에 이러한 관점에서 보면 시각적이면서 눈에 잘 띄는 디자인 아이디어를 얻을 수 있다. 이때 디자이너들이 만들어 놓은 최종 결과물을 살펴볼 수 있는 '비핸스'나 '핀터레스트'를 참고하면 좋다. 필자는 PPT 자료를 디자인하기 전에 우선 핀터레스트나 비핸스에서 디자이너가 만들어 놓은 비슷한 자료들을 먼저 찾아본다.

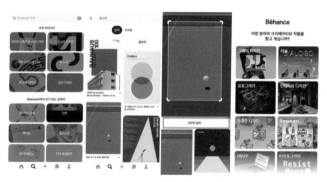

핀터레스트

비핸스

중요한 메시지를 강렬하게 전달하는 포스터를 검색하거나, 검색 결과와 비슷한 유형의 이미지들을 '시각적 검색'을 통해 쉽게 찾아볼 수 있다.

포트폴리오 사이트인 '비핸스(Behance)'에서는 완성도 높고 디자인이 좋은 자료를 찾아보고 수집할 수 있다. '핀터레스트'는 다양한 디자인과 이미지를 쉽게 검색할 수 있는 소셜네트워크서비스(SNS)인데, 내가 관심있는 이미지에 핀을 꼽아두면(체크해 두면) 그와 유사한 자료나 이미지들을 알고리즘으로 추천해 준다. 내가 관심있는 이미지에 핀을 많이 꼽을수록 도움이 되는 자료들을 추천받을 수 있다.

## 직접 사진을 촬영해 나만의 스타일로 디자인해 보자

이미지를 상업적으로 이용하거나 외부에 공개할 때는 저작권을 반드시 확인해야 한다. 특히 마음에 드는 이미지를 사용하기 위해서는 유료 결제를 하거나 혹은 로고가 삽입된 무료 이미지를 사용해야 하는 아쉬운 경우가 있는데, 이럴 때에는 너무 인위적이거나 연출하지 않은 느낌이 들도록 직접 촬영을 통해 호감도를 높여 주는 디자인을 할 수 있다. 필자는 평소 인상적인 장면들을 직접 사진으로 찍어 발표자료나 강연 포스터 등 다양한 문서 디자인에 활용하기도 한다.

필자가 그린 그림을 사진으로 찍어 PPT 표지를 만들거나, 발표 주제에 맞는 장소에 가 사진을 찍어 강연 포스터를 만들어 보았다. 자신이 사용할 이미지들의 사진을 직접 찍어 디자인해 보면 단 하나뿐인 나만의 디자인을 만들 수 있다.

이처럼 내가 직접 찍은 사진으로 문서를 디자인해 보면 자연스레 디자인 감각을 키울 수 있다. 평소에 스마트폰으로 찍었던 사진을 살펴보면서 문서를 디자인하는데 활용할 수 있는 사진이 있는지 찾아보거나 마음에 드는 이미지와 최대한 비슷하게 사진을 찍거나 연출해서 나만의 스타일로 디자인해 보자.

## 디자인 전문가를 통해 기초지식을 쌓아보자

디자인적 사고와 생각은 디자이너뿐만 아니라 누구에게나 필요한 지식이다. 하지만 디자인 센스는 '내가 직접 만들어 보는 과정에서 스스로 쌓아야 하는 것'이기 때문에 가끔은 넘어설 수 없는 한계에 부딪히기도 한다. 이럴 때에는 디자인 전문가들이 쉽게 풀어쓴 책이나 영상을 참고해 디자인 기초지식을 쌓아보자. 디자인의 기초를 확실하게 다질 수 있는 입문서를 통해 그래픽, 기획서, 프레젠테이션, 보고서의 표지 디자인 등 다양한 기법을 배워 보는 것이다.

## ❖ 센스디렉터가 추천하는 디자인 가이드북

《좋은 문서디자인 기본원리 29》
문서를 만들어 한 번에 OK 받고 싶은 사람들을 위한 편집디자인 안내서
이다. 누구나 쉽게 익히고 쓸 수 있는 문서디자인 기본원리 29가지와 실
제 사례를 통해 그 원리를 적용하는 법을 알려준다.

《폰트의 비밀》
우리가 자주 접하는 브랜드의 로고 폰트와 다양한 사례를 통해 명품 브
랜드가 주고자 하는 시각적 효과를 알 수 있다. 이 책을 보면 브랜드 로
고나 간판을 그냥 지나치기 힘들 것이다.

《심플하지만 화려하게 해주세요》
디자인의 기초용어부터 애매모호한 디자인 표현의 의미를 파악하고, 디
자인의 전체적인 작업 프로세스와 함께 작업하는 디자이너를 이해하는
데 많은 도움이 될 것이다.

《배색 사전》
원하는 분위기와 스타일에 따른 색상 값과 디자인하는 컨셉 별로 친절
하게 설명하고 있다. 직관적이고 명확하게 설명되어 있어 책에 나오는
그대로 색상을 입력해 자신의 디자인에도 적용할 수 있다.

<JohnKOBA Design> 유튜브 채널
디자인의 개념을 간결하게 설명해 주며, 실무에서 바로 사용할 수 있는
꿀팁을 공유해 준다.

<피피티 사냥꾼> 인스타그램
다양한 텍스트, 카드뉴스를 통해 쉽게 따라할 수 있도록 만들었다. 클릭
할 수밖에 없는 제목과 함께 디테일한 정보를 제공해 주고 있다.

# 센스디렉터의 앱 추천

## 어도비 배색 사이트 쿨러(kuler.adobe.com)

어도비에서 운영하는 색상 배색 사이트이다. 기본 색상으로 설정한 색상을 기준으로 색상 밸런스가 조화를 이루게 하며, 색상 휠을 사용해 원하는 색상의 팔레트를 만들 수 있다. 원하는 이미지를 업로드하면 자동으로 추출 위치를 정해주고 컬러와 그라데이션을 추출할 수 있다. 탐색과 트렌드 메뉴에서는 다양한 사진과 타인의 컬러 팔레트를 검색해 볼 수 있다. 별도의 로그인 없이 모든 기능을 사용할 수 있지만 탐색한 컬러맵을 다운로드하거나 직접 추출한 색상을 어도비 라이브러리에 저장하고 싶다면 로그인이 필요하다.

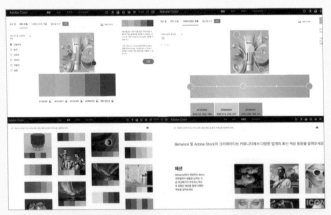

마음에 드는 이미지를 업로드하면 정확한 색상 정보를 자동으로 추출해 준다. PPT 컬러 배색, 포트폴리오, 기획서 등 자료를 만들 때 어도비 배색 사이트 쿨러를 활용해 보자.

Part 2

말은 확실하게
**말센스**

Sense

( 1 )

# 해시태그처럼
# 쉽게 말하기

Speech

조각가 알베르토 자코메티의 전시를 보러 간 적이 있었다. 때마침 전시 해설가가 작품 설명을 해주는 시간이 있어서 들어 보았는데, 입체주의, 실존주의 철학 등 이해하기 어려운 용어와 내용들이 많았다. 하지만 몰라도 알고 있는 척해야 할 것 같은(?) 분위기 속에서 엄마를 따라온 꼬마 아이가 이해가 안 된다는 듯 자꾸 고개를 갸우뚱했다. 그 모습을 본 전시 해설가는 갑자기 설명을 멈추더니 "지금 아저씨가 무슨 말을 하는지 알겠어요?"라고 물었다. 꼬마 아이는 고개를 저으며 수줍은 듯 엄마 품에 안겼다. 그러자 전시 해설가는 "그럼 아저씨가 이해하기 쉽게 설명해 줄게요"라며 이렇게 이야기했다.

"조각이란 코가 예쁘면 코만 봐도 되고, 입이 예쁘면 입만 봐도 되고, 등이 태평양처럼 넓으면 등만 가까이 가서 봐도 돼요. 조각은요, 예쁜 부분을 모아서 보여주는 종합선물세트 같은 거예요."

잠시 후 아이는 고개를 끄덕이면서 조각을 다시 바라보기 시작했다. 성인도 이해하기 어려운 내용을 어린아이의 눈높이에 맞춰서 쉽게 설명할 수 있었던 건 그의 말하기 센스가 탁월

했기 때문이라고 생각된다. 그가 짧은 시간 동안 해준 설명은
오래도록 기억에 남았고, 단순히 작품을 감상하는 즐거움을
넘어 작품을 이해하고 작가의 삶까지 들여다볼 수 있는 의미
있는 시간이 되었다. 그리고 '이 사람의 해설이라면 시간을 내
서 들을만한 충분한 가치가 있겠구나' 하는 생각이 들었다.

"센스 있는 말하기란

누구에게나 쉽게 이해되는 말하기다."

오랜 경험과 학습을 통해 얻은 지식을 자신만의 언어로 쉽게 말할 수 있다면 당신의 말은 상대에게 오래도록 기억될 것이다. Part 2 말센스 편에서는 당신의 말을 누구나 이해할 수 있도록 쉽고 짧고 의미있게 만드는 방법에 대해 알아보도록 하자.

# 어려운 것을
# 쉽게 말하는 방법

**#비유**

　말하기에 탁월한 전문가는 많은 지식을 가지고 있는 사람
이 아니라 자신이 가진 지식을 쉽게 전달할 수 있는 사람이다.
마치 전시 해설가의 '조각은 종합선물세트'라는 설명처럼 듣는
순간 바로 이미지가 떠올라야 한다. 어려운 것을 쉽게 말하기
위해서는 머릿속에 이미지가 바로 떠오를 수 있도록 '비유'를
사용하면 좋다. 그렇다면 누구나 쉽게 이해할 수 있는 비유를
말하기에 활용하는 방법에 대해 하나씩 살펴보도록 하자.

## 누구나 알 수 있는 적절한 비유 대상을 찾아보자

언어의 연금술사로 불리는 개그맨 지상렬은 독특한 비유를 사용해 쉽게 말하는 대표적인 연예인이다. 그가 하는 말은 누가 들어도 금방 이해할 수 있는데, 그 이유는 '누구나 알 수 있는 대상'을 찾아 쉽게 비유하기 때문이다.

1) 분야별 대표적인 유명인의 이름을 사용한다.

    - 저기 혹시 민병철이세요? (너 영어 좀 하는구나?)

    - 제가 셰프계에서 살아있는 혀준 아니겠냐? (절대적인 미각을 가진)

2) 지역이나 널리 알려진 직업을 사용한다.

    - 너도 맥아더 후배야? (인천 후배구나?)

    - 형이 검찰이야, 뭐야? (맞춤법을 지적할 때)

3) 친숙한 신체기관이나 소화기관을 사용한다.

    - 간에 알코올 저장하러 가자. (술자리 한 번 갖자)

    - 오장육부에 보일러 때러 왔다. (음식을 맛있게 먹으러 왔다)

    - 혀로 드리블 좀 하네. (이야기를 재미있게 하네)

4) 콩글리쉬나 쉬운 영어 단어를 사용한다.

 - 셔터 문 내릴까요? (그만할까요?)

 - 어디다 핑거질이야! (삿대질이야)

 - 오늘 혓바닥 와이파이 좀 터진다? (오늘 하는 말마다 빵빵 터진다)


 상대방이 이미지를 바로 떠올릴 수 있는 대표적인 대상(유명인, 직업, 지역, 신체기관, 기초 영어 단어 등)을 찾아 비유하면 복잡하고 이해하기 어려운 상황을 친숙하게 만들 수 있다. 이처럼 자신이 가진 지식을 누구나 쉽게 이해할 수 있도록 말하기 위해서는 '어떻게 말해야 이해하기 쉬운 방향으로 흘러갈지'를 먼저 생각해야 한다. 이에 대한 고민은 '누구나 아는 적절한 비유 대상을 찾는 것'에서 시작된다.


## 전문용어를 이해하기 쉬운 대체어로 바꿔 사용해 보자

 말을 할 때 자신의 유식함을 자랑하기 위해 전문용어나 어려운 단어를 그대로 쓰는 경우가 많은데, 이는 말에 집중하기 힘들게 만든다. 이때 어려운 용어를 무작정 쓰지 않는 게 아니라 어려운 용어를 쉬운 말로 바꿔 사용해야 말하기 실력이 좋아진다. 만약 펀드매니저가 주식을 알지 못하는 사람에게 어려운 전문용어와 낯선 말들(채권의 bbb등급, 부채담보부증권 등)을 써서 설명한다면 이해하기 힘들겠지만 다음과 같이 음식으로 바꿔 설명한다면 '부채담보부증권은 뭐 해물탕과 비슷한 거겠구나' 하고 대략적인 이미지를 떠올리며 쉽게 이해할 수 있게 된다.

> "금요일에 생선을 주문했죠. 그런데 생선 일부가 안 팔린 겁니다. 어쩔까요? 팔리지 않은 생선(채권의 bbb등급)들을 전부 버리고 손실을 떠안을까요? 그건 안 되죠. 교활한 셰프인 저는 팔지 못한 생선은 해물탕에 넣습니다. 오래된 생선이 아니라 새로운 메뉴죠. 가장 좋은 점은 사흘된 넙치를 팔았다는 겁니다. 그게 바로 CDO(부채담보부증권)입니다."
>
> — 영화 〈빅쇼트〉 중에서

이처럼 어려운 전문용어를 이해하기 쉬운 대체어로 바꿔보면 '듣기에 편한 말하기'를 할 수 있다. 업무와 관련해 자주 사용하는 전문용어가 있다면 누구나 쉽게 이해할 수 있도록 바

꿔서 사용해 보자. 이때 설명하기 어려운 개념의 단어는《속
뜻 풀이 초등국어사전》을 참고해 보거나 구글 플레이스토어
나 앱스토어에서 '속뜻사전(유료)'이나 '국립국어원 표준국어대
사전(무료)' 앱을 다운로드 받으면 다양한 예문을 통해 단어의
개념을 쉽게 이해할 수 있다. 또한 인터넷에서 '새말모임 대체
어'로 검색하면 문체부와 국립국어원에서 선정한 이해하기 쉬
운 대체어(ex 웨비나 → 화상 토론회, 큐레이션 커머스 → 소비자 맞춤
상거래, 안테나숍 → 탐색 매장 등)를 쉽게 확인할 수 있다.

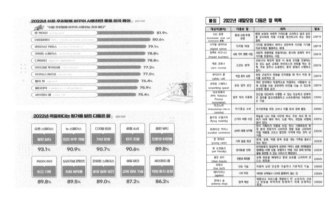

문화체육관광부 홈페이지(mcst.go.kr)에 들어가면 국립국어원 새말모임 리스트(국민이 고른
가장 적절하게 다듬은 외국용어)를 확인할 수 있다.

# 흩어진 관심을
# 이끌어 내는 방법

**#속담**

우리에게 많은 공감을 주는 소통 전문가 중에 김창옥 교수가 있다. 그는 강의 중간에 '저녁에 의자를 사지 마라'와 같은 속담으로 사람들의 흩어진 관심을 다시 집중시킨다. 사람들이 이런 속담에 흥미를 보이는 이유는 다음과 같다.

1) 표현이 너무 흔하거나 뻔하지 않아 무슨 뜻인지 궁금하고,

2) 뜻을 알게 되는 순간 쉽게 이해할 수 있고(몸이 힘들거나 피곤할 때 보면 다 좋아 보인다는 뜻),

3) 누구나 일상생활에서 한 번쯤 경험해 본 적이 있기 때문이다.

속담은 우리의 일상에서 자주 경험한 것이거나 자연현상과도 깊은 연관이 있기 때문에 누구나 쉽게 이해할 수 있다. 따라서 이야기를 할 때 속담을 적절히 사용하면 흩어진 관심을 다시 끌어내며 분위기를 전환할 수 있다.

이제부터 짧고 함축적인 말로 정리한 속담을 적절하게 활용할 수 있는 방법에 대해 알아보자.


## 낯설지만 흥미로운 외국 속담을 찾아보자


사람들이 관심을 기울일 수 있도록 속담을 활용하려면 우선 호기심이 생기는 속담을 찾아야 한다. '저녁에는 의자를 사지 마라'처럼 낯설지만 설명을 들으면 바로 알아들을 수 있는 속담이 효과적이다. 다음은 어떤 의미의 속담인지 한 번 맞춰보자.


1) 코로 구름을 헤집는 중

→ _____

2) 작은 오리 후후 불기

→ _____

3) 파란 질문에 초록 대답

→ _____

4) 머릿속에 귀뚜라미 한가득

→ _____


이 속담들은 《마음도 번역이 되나요》라는 책에 나오는 것인데, 이 책에서는 세계 각국에서 사용하는 재미있는 속담과 흥미로운 표현들을 찾아볼 수 있다. 우리가 흔히 알고 있는 뻔한 속담보다는 누구나 궁금해할 만한 낯선 속담을 찾아 당신의 말하기를 한층 더 흥미롭게 만들어 보자.


**[속담 뜻풀이]**

1) 코로 구름을 헤집는 중 → 하늘 높은 줄 모르고 뻐기는 사람

2) 작은 오리 후후 불기 → 터무니없이 허풍만 늘어놓는 사람

3) 파란 질문에 초록 대답 → 본래 질문과 상관없는 대답을 하는 것

4) 머릿속에 귀뚜라미 한가득 → 온통 황당한 생각들로 머리가 꽉 찼을 때

# 오래된 속담을 시대의 흐름에 맞게 바꿔보자

속담을 사용할 때는 고리타분한 오래된 속담은 피하고, 시대의 흐름에 맞는 속담을 사용해야 한다. 예를 들어 방송인 박명수는 오래된 속담을 시대의 흐름에 맞게 바꾸며 많은 사람들의 공감을 이끌어 낸다. 또한 방송 〈맛있는 녀석들〉의 출연진과 가수 김종국은 자신의 방송 캐릭터에 맞게 속담을 새롭게 바꿔 사용하면서 많은 사람들의 공감을 얻고 있다.

**[방송인 박명수]**

• 티끌 모아 태산이다 → 티끌은 모아도 티끌이다

• 고생 끝에 낙이 온다 → 고생 끝에 골병든다

• 가는 말이 고와야 오는 말이 곱다 → 가는 말이 고우면 얕본다

**[맛있는 녀석들]**

• 면은 씹는 게 아니라 마시는 것이다

• 부먹찍먹 고민할 시간에 한 개라도 더 먹어라

• 많이 먹으려면 종목을 바꿔가며 먹어라

**[가수 김종국]**

- 운동의 고통은 통증일 뿐 힘든 것이 아니다

- 운동 끝나고 먹는 것까지 운동이다


이처럼 오래된 속담을 시대의 흐름에 맞게 바꿔보거나 기존에 당연하다고 여겼던 속담을 자신의 역할(캐릭터, 직업)에 맞게 새롭게 만들어 본다면 당신의 이야기는 현실감 있으면서도 쉽게 전달될 것이다.

# 말의 선명도를
# 높이는 방법

#수정 #보완

아빠가 아이들에게 '땅콩버터 샌드위치를 만드는 방법'을 종이에 적어서 설명해 달라는 장면을 촬영한 실험 영상이 있다. 아이들은 땅콩버터 샌드위치를 자주 만들어 먹었기 때문에 당연히 제대로 설명할 수 있을 거라고 생각했다. 잠시 후 아빠는 아이들이 종이에 쓴 순서대로 샌드위치를 만들어 보았지만, 뚜껑조차 열지 않은 땅콩버터 통을 빵 사이에 그대로 끼우는 등 우스꽝스러운 장면만 나왔다. 결국 아이들의 기대와 달리 아빠는 땅콩버터 샌드위치를 제대로 만들 수 없었다.

땅콩버터 실험

이 실험은 '내가 알고 있는 것과 이를 상대에게 정확히 전달하는 것은 다르다는 것'을 알려준다. 이처럼 소통의 오류가 생겨나는 이유는 자신이 알고 있는 정보를 상대방도 당연히 알고 있을 거라는 생각으로 중요한 내용을 생략하거나 대충 전달하기 때문이다. 자신이 알고 있는 것을 정확히 전달하면서 말의 선명도를 높이기 위해서는 자신의 말을 수정하고 보완하는 통합의 과정이 필요하다.

## 빠진 내용은 채우고 필요 없는 내용은 삭제하자

내가 알고 있는 것을 상대에게 정확하게 전달하기 위해서는 상대가 다르게 이해한 부분을 찾아 수정하는 과정이 필요하다. 앞에서 땅콩버터 샌드위치를 만드는 방법을 종이에 적어 시도해 본 것처럼 생략되거나 언급하지 않은 말들이 무엇인지 확인해 보는 것이다. 이때 '설마 이것도 모를까?' '이 정도는 말 안 해도 알겠지?'라며 정보를 생략하기보다는 '이런 내용까지 이야기해 주면 좀 더 정확하게 이해할 수 있겠지'라는 생각으로 자신이 전달하려는 내용을 최대한 자세하게 설명해 주어야 한다.

'내가 전달하려는 내용 중 빠진 핵심이 있는가?'

'반복되거나 불필요한 내용은 무엇인가?'

수정은 다듬고 고치는 과정이다. 내가 하는 말을 상대방이 제대로 이해하고 있는지 단계별로 나누어 확인하면서 빠진 내용은 추가 설명을 해서 채우고, 반복되거나 필요 없는 내용은 삭제하면서 말을 수정해 보자.

## 애매모호한 단어는 구체적으로 설명해 보자

말의 선명도를 높이기 위해서는 다양하게 해석될 수 있는 애매모호한 단어들을 구체적으로 설명해 줘야 한다. 예를 들어 "이번 제품 기획의 컨셉은 색, 슬림, 소재, 밝음, 날카로움입니다"라고 말하면 사람마다 단어를 각기 다르게 해석할 수 있기 때문에 정확한 의사소통이 어려워진다. 따라서 애매모호한 단어는 범위를 축소시키거나 구체적인 단어로 보완해 주어야한다. 이를 말하기에 적용해 보면 다음과 같다.

"이번 제품 기획의 컨셉은 색, 슬림, 소재, 밝음, 날카로움입니다. 여기서 제가 생각하는 색이란 정확히 _____을 의미합니다."

"저는 '밝음'이라는 단어를 _____라고 정의하겠습니다. 이번 미팅에서는 '밝음'이라는 단어를 제가 정의한 내용으로 한정해서 이해해 주시고 들어주셨으면 합니다."

"날카로움이라는 단어를 쉽게 설명하자면 _____라고 생각해 주시면 됩니다."

이처럼 자신이 알고 있는 것을 상대에게 전달할 때 서로 다르게 해석될 수 있는 단어들은 한 번 더 풀어서 구체적으로 설명한다면 말의 선명도를 높이며 설명의 오류를 줄일 수 있을 것이다.

'애매모호한 단어는 범위를 축소하거나
구체적으로 설명해서 보완한다.'

2

# 해시태그처럼
# 짧게 말하기

Speech

지리산에 여행을 간 적이 있었다. 지리산 입구에서 좌판을 깔고 담배를 입에 문 채 밤을 깎으시는 엄청난 포스(?)의 할머니를 본 순간, '이건 사진으로 남겨야 해'라는 생각이 들었다. 뭔가에 홀린 듯 사진을 찍고 나니 할머니에게 사진을 찍어도 되는지 미리 양해를 구하지 못한 것이 마음에 걸렸다. 할머니께 솔직하게 말씀드리려고 앞으로 다가가 "저기, 할머니의 모습이 너무 멋있어서 사진 한 장 찍었는데 괜찮으실까요?"라고 여쭤봤는데 할머니는 아무 표정 없이 나를 바라보면서 이렇게 말씀하셨다. "밤이나 사, 5,000원"

결론부터 말하자면 나는 밤을 두 봉지나 샀다. 밤을 깎으시는 할머니의 강력한 포스도 있었지만, 무엇보다 짧고 임팩트 있는 말에 거절할 생각조차 못한 것이다. 만약에 할머니가 "아이고 총각! 이 밤은 쪄 먹어도 되고, 아니면 생밤으로 먹어도 맛있고, 당장 안 먹어도 냉동실에 보관해 두고 먹어도 되니까…"라고 구구절절 설명했다면 '지금 당장 먹지도 못하는 밤을 꼭 사야 하나?' '그냥 현금이 없다고 다음에 산다고 할까?'라는 생각이 들었을 것이다. 하지만 할머니는 자신이 원하는 바를 짧고 군더더기 없이 말했고, 결국 원하는 결과를 빠르게 얻어냈다. 내가 경험한 가장 짧고 임팩트 있는 말하기였다.

"그래서 당신이 원하는 것은 무엇인가?"

당신이 원하는 바를 짧고 명확하게 전달한다면 상대는 당신의 이야기에 바로 반응할 것이다. 말은 짧아야 명확해지고 임팩트가 있어야 행동으로 연결된다. 이번 장에서는 당신의 이야기를 짧고 임팩트 있게 만들 수 있는 방법에 대해 알아보자.

# 말의 속도감을
# 살리는 방법

#속도

TV홈쇼핑이나 라이브커머스는 1분 1초가 판매로 직결된다. 시간이 곧 돈인 것이다. 따라서 방송을 진행하는 쇼호스트는 군더더기 없는 말로 고객의 관심을 빠르게 사로잡아야 한다. "고객님! 이것만 보세요" "쉽게 이야기하면요" "딱 핵심만 말씀드릴게요" 등 쇼호스트가 수시로 멘트를 던지는 이유는 어떻게든 고객의 시선을 사로잡기 위해서이다. 일단 고객의 시선을 붙잡는데 성공했다면, 그다음은 판매로 이어질 수 있는 말을 던져야 한다. 이때 쇼호스트가 짧고 임팩트 있게 핵심을 이야기하면 '와우, 나도 한 번 써보고 싶네'라며 구매 버튼을 누를 것이고, 내용과 상관없는 이야기를 길고 지루하게 한다면 '그래서 뭐? 어쩌란 말인데?'라며 바로 채널을 돌릴 것이다.

결국 상대의 관심을 놓치지 않고 행동으로 연결시키기 위해서는 말의 속도감을 살리며 핵심을 짧고 빠르게 이야기해야 한다.

## 긴 문장을 몇 개의 핵심 키워드로 나누어 보자

조사나 어미가 발달되어 말이 길게 늘어지는 특징이 있는 우리말은 중요한 핵심을 나중에 이야기하는 미괄식 문장이 대부분이다. 그래서 말이 길어지면 상대는 '대체 무슨 말을 하려는 거지?'라며 답답해한다. 반면 영어는 우리말과 달리 조사(말의 뜻을 도와주는 품사)가 없기 때문에 짧은 단어의 연속으로도 의미가 잘 전달되는 장점이 있다. 따라서 말의 속도감을 높이기 위해서는 마치 문장 끝에 마침표를 찍듯이 끊어가며 최대한 짧은 문장으로 만들어야 한다. 만약 당신이 헤드폰을 판매하는 홈쇼핑 방송을 보고 있다고 가정해 보자.

"안녕하세요. 요즘 날씨가 더워지니 슬슬 휴가를 떠나려는 분들이 많으실 텐데 보통 여러 가지 준비할 것들이 많이 있잖아요. 예를 들어 '숙소는 어디로 할까?' '음식은 뭘 먹어야 할까?' '여행비용은 얼마나 잡아야 할까?' 등 정말 많은 것들이 있는데 여기에 멋진 음악까지 들을 수 있다면 이번 여행은 더 낭만적이고 매력적인 선물이 될 겁니다. 그런 즐거운 시간을 만들어 줄 수 있는 ○○ 헤드폰을 오늘 특집 생방송으로 여러분께 소개하겠습니다."

먼저 위의 문장을 최대한 짧게 나누고 핵심단어를 찾아보자.

요즘 **날씨**가 더워지니 / 슬슬 **휴가**를 떠나려는 분들이 많으실 텐데 / 보통 여러 가지 **준비**할 것들이 많이 있잖아요. / 예를 들어 **숙소**는 어디로 할까? / **음식**은 뭘 먹어야 할까? / ~

이처럼 짧게 나눈 문장에서 핵심 키워드를 표시하면 총 10개의 단어(날씨, 휴가, 준비, 숙소, 음식, 여행비용, 음악, 선물, ○○헤드폰, 소개)로 압축할 수 있다. 따라서 10개의 단어를 사용해 말을 전달한다면 짧고 빠르게 핵심만 전달할 수 있다. 하지만 단순히 단어의 나열만으로는 정확한 의미를 전달하기 어려우니 핵심단어를 포함한 짧은 문장으로 다시 새롭게 만들어야 한다.

## 핵심단어로 최대한 짧은 문장을 새롭게 만들어 보자

**날씨, 휴가**

→ **날씨** 참 덥죠? / **휴가** 생각이 나실 거예요.


**준비, 숙소, 음식, 비용**

→ 뭐 **준비**하시나요? / **숙소, 음식, 비용**이죠?


**음악, 선물, OO 헤드폰, 소개**

→ 여행에 좋은 **음악**도 빠질 수 없겠죠? / 매력적인 **선물** / ○○ **헤드폰**만

준비하세요. / 바로 **소개**해 드릴게요.


말하기는 소리의 연속이기 때문에 말에 리듬감이 있어야 상대방도 내가 하는 말에 고개를 끄덕이며 따라올 수 있다. 여기서 중요한 점은 상대방이 무슨 말인지 이해를 못하거나 다른 생각을 하지 못하도록 최대한 짧고 간단한 문장으로 말의 속도감을 높여가는 것이다.

## 말의 리듬감을 살리며 의미가 잘 전달되는지 확인해 보자

**날씨** 참 덥죠? / **휴가** 생각 나실 거예요. / 뭐 **준비**하시나요? / **숙소, 음식, 비용**이죠? / 여행에 좋은 **음악**도 빠질 수 없겠죠? / 매력적인 **선물** / ○○ **헤드폰**만 준비하세요. / 바로 **소개**해 드릴게요.


이처럼 핵심 키워드를 중심으로 문장을 최대한 짧게 압축해서 말을 해야 말의 속도감과 리듬감이 살아난다. 말이 간결하면 의미는 더욱 빠르게 전달되고, 상대도 정보를 쉽게 받아들일 수 있기 때문에 이해도 빨라진다. 긴 문장을 짧게 만들고, 복잡한 문장을 단순하게 줄이면 말의 속도감도 살고 군더더기 없이 당신의 생각을 빠르게 전달할 수 있다.

# 핵심만 명확하게
# 말하는 방법

### #이과적_말하기

'문송합니다'와 '이행합니다'라는 말이 있다. '문송합니다'는 '문과라서 죄송합니다'의 줄임말이고, '이행합니다'는 '이과라서 행복합니다'라는 말이다. 우스갯소리처럼 들리겠지만 사회 환경과 비즈니스 환경이 디지털화되고 있는 지금, 빠른 흐름에 맞춰 핵심만 전달하는 것이 더욱 중요시되고 있다. 《횡설수설하지 않고 정확하게 설명하는 법》이나 《요점만 말하는 책》《말주변이 없어도 똑 부러지게 말하는 법》 등의 책들이 많은 관심을 받는 이유도 빠르게 핵심만 전달하는 이과적 말하기를 선호하는 경향이 더욱 커졌기 때문이다.

객관적이고 논리적인 '이과적 말하기'는 사소한 걸 버리고 본질만 골라내는 과학자들처럼 간단하고 분명하게 핵심을 전달하는 것이다. 'E=mc²'나 지리산 할머니의 "밤이나 사!"처럼 '핵심만 딱!' 말하는 것이다. 이처럼 이과적 말하기는 말의 군더더기를 줄이며 핵심만 명확하게 이야기할 수 있다는 장점이 있다. 평소 말을 할 때 부연설명이 길어져 핵심을 자주 놓치거나 요점을 정리해 말하는 게 힘든 사람이라면 다음과 같은 순서로 이과적 말하기를 연습해 보자.

❖ **이과적 말하기 연습**
1) 자신의 말을 그대로 녹음해 글로 옮겨보기 (A4용지)
2) 불필요한 말을 최소화하고 전반적인 흐름을 보여주는 중요한 문장들을 체크해 적어보기 (엽서)
3) 핵심 키워드로 발표용 자료 만들어 보기 (포스트잇)

**읽기와 쓰기를 통해 불필요한 내용을 수정해 보자 – A4용지**

말은 생각과 동시에 입에서 나오기 때문에 자신의 말을 즉시 수정하는 것은 쉽지 않다. 하지만 읽기와 쓰기를 통해 불필요하게 반복되는 말들을 쉽게 확인하고 수정할 수 있다. 우선 자신의 말을 녹음해 A4용지에 그대로 옮겨 적어보자. 글로 된 나의 말을 읽어 보면서 말하는 것과 쓰는 것을 동시에 수정해 보는 것이다. 자신의 말을 텍스트로 바꿔 보면 생각보다 불필요한 말을 많이 하고 있음에 놀라게 된다. A4용지에 옮겨 적은 말을 천천히 읽어보며 불필요하게 중복된 표현과 다듬어지지 않은 말버릇이 무엇인지 찾아보자.

## 전체적인 맥락을 파악할 수 있는 문장으로 압축해 보자 – 엽서

말이 길어질수록 당신이 전하려는 주제가 불명확해진다. 따라서 불필요한 말은 가급적 최소화하고 핵심문장으로 압축해야 한다. 이때 권장하는 방법은 A4용지에 적었던 내용을 엽서 사이즈로 요약해 옮겨 적는 것이다. 마치 발표나 프레젠테이션을 하는 사람들이 엽서 크기만한 노트만 들고도 자신이 전달하고자 하는 말을 빠짐없이 이야기할 수 있는 것처럼 말이다. 핵심문장으로 내용을 정리할 때 주의할 점은 '남들이 읽어봐도 전체 내용이 쉽게 이해될 수 있도록 간결하게 적었는지 체크하는 것'이다.

## 핵심단어만 옮겨 적어보자 – 포스트잇

핵심만 명확하게 말하는 이과적 말하기를 위해서는 포스트 잇을 사용해 불필요한 내용을 줄여 나갈 필요가 있다. 처음부터 자신이 하려는 말을 포스트잇 한 장에 적어 놓으면 말을 할 때 핵심을 놓치거나 할 말을 잊을 수 있다. 따라서 중요한 문장이나 핵심단어를 포스트잇 여러 장에 적어 놓고 차츰 장수를 줄여나간다는 생각으로 연습을 해보자. 그리고 어느 정도 말하기에 자신감이 생기면 한 장의 포스트잇에 3가지 핵심단어만 적어놓고 말하기 연습을 해보자.

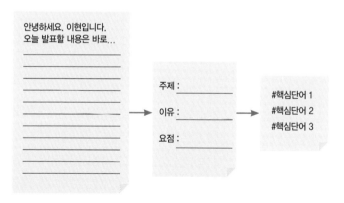

A4용지 → 엽서 → 포스트잇 순서로 자신이 하는 말을 적고 요약하며 차츰 장수를 줄이면서 말하기 연습을 해보자.

이과적 말하기를 연습할 때 핵심은 제대로 담고 있는데 내용이 자연스럽지 않다면 포스트잇 → 엽서 → A4용지의 순서로 말하기를 확장시켜 보면서 '혹시 빠진 부분이 있는지' '예시를 적절히 잘 들었는지' 등을 체크해 보자. 이때 자신의 말을 녹음하거나 영상을 촬영해 들어보면 말하고자 하는 것이 빠짐없이 전달되는지 쉽게 확인할 수 있다(네이버 '클로바노트' 앱을 사용하면 내가 말한 내용을 손쉽게 글로 옮기며 읽기와 쓰기를 통해 말하기를 수정할 수 있다. 자세한 내용은 Tip '센스디렉터의 앱 추천'을 참고하기 바란다).

# 말의 전달력과
# 설득력을 높이는 방법

**#숫자**

"이번 달 저희 영업3팀의 매출 목표는 지난달 대비 20% 올리는 겁니다. 이번 달에는 연휴가 있기 때문에 영업하기에 많이 짧은 달이어서 상황이 안좋다고 생각하실 겁니다. 하지만 그렇게 부정적으로 생각하시면 목표 달성이 더 어려워집니다. 작년 이맘때도 우리가 열심히 노력해 매출을 올렸습니다. 이번 달에는 프로모션도 많으니 열심히 노력해 주시고, 최대한 자주 영업보고를 해주시고 조금만 더 힘내 주십시요!"

얼마 전 ○○회사의 영업팀장들을 대상으로 말센스 강의를 진행했다. 위 내용은 실제 영업팀 회의 내용을 그대로 옮겨 적어본 것이다. 그런데 팀장의 이야기를 듣다 보면 뭔가 열심히 하자고 강조는 하고 있지만 크게 동기부여가 되거나 마음을 움직일 수 있는 메시지가 없었다. 이처럼 현장의 영업팀장들은 발표나 회의를 할 때 자신의 의견을 설득력 있게 전달하지 못한다는 고민을 가지고 있었다.

말을 설득력 있게 전달하려면 구체적인 숫자를 활용하는 것이 좋다. 숫자는 언어의 장벽을 뛰어넘는 공통의 언어이기 때문에 누구나 쉽게 이해하며 설득력을 높일 수 있다. 그렇다면 숫자를 이용해 설득력 있게 말하는 방법에 대해 하나씩 알아보자.

## 퍼센트(%)를 구체적인 숫자로 바꿔보자

만약 여러분이 "이번 달 매출 목표는 20% 상승입니다"라는 말을 들으면 무슨 생각이 떠오르는가? 아마도 '아, 그렇구나' 하고 별다른 느낌이 오지 않을 것이다. 왜냐하면 20%란 말은 추상적으로 다가오기 때문이다. 사람들은 이렇게 추상적이거나 구체적이지 않으면 나와 상관없는 이야기로 흘려듣게 된다. 따라서 설득력을 가지고 전달력을 높이려면 %를 구체적인 숫자로 바꾸어 전달하는 것이 좋다. 이를 말하기에 적용해 보면 다음과 같다.

"지난달 총판매량이 100개였는데, 이번 달에는 여기서 20개만 더 판매하면 목표를 달성할 수 있습니다."

"지난달에는 일주일 동안 평균 50대를 판매했으니 이번 달에는 거기서 10대만 더해 60대를 판매해 봅시다."

"지난달에 하루에 10명을 만났다면 이번 달에는 딱 2명만 더 만납시다."

이처럼 '20% 상승'이라는 추상적인 말 대신 구체적인 숫자(ex 100개 중 20개, 50대 중 10대, 10명 중 2명)로 바꿔 말하면 쉽게 이해되며 설득력과 전달력을 높일 수 있다.

### 너무 큰 숫자는 1인당 숫자로 변환시켜 보자

어떠한 주제든 '나와 직접적으로 상관있는 이야기구나'라고 느껴져야 설득력이 높아지고 마음이 움직인다. 그래서 말하기에 숫자를 사용할 때에는 숫자의 규모를 1인당 숫자로 변환시키는 과정이 필요하다. 만약 사용하는 숫자가 너무 크면 시작하기도 전에 크기에 압도되거나 의욕이 꺾여버릴 수 있다. 따라서 큰 숫자를 작은 단위로 세분화해서 축소시켜 주어야 한다. 이를 말하기에 적용시켜 보면 다음과 같다.

"영업2팀이 지난달 총 200명의 새로운 사람을 만났다면 이번 달에는 40명만 더 만나면 됩니다."

→ "영업2팀 개개인이 지난달 총 10명씩 만났다면 이번 달은 각자 2명씩 만 더 만나면 됩니다."

"영업3팀의 지난달 총매출이 1억원이었으니 이번 달에는 2,000만원만 더하면 됩니다."

→ "영업3팀의 지난달 1인당 매출액이 1,000만원이었으니 이번 달에는 각자 200만원만 더하면 됩니다."

이처럼 숫자의 크기에 압도되지 않도록 1인당 기준으로 숫자를 변환해 규모를 축소시켜 주면(2,000명 중 400명 → 200명 중 40명 → 20명 중 4명 → 10명 중 2명, 1억원 중 2,000만원 → 1,000만원 중 200만원 → 100만원 중 20만원 → 10만원 중 2만원) 개개인의 목표와 직접적으로 연결지어 생각할 수 있다. 반대로 전체 매출이나 팀의 영업성과를 이야기할 때는 숫자의 단위를 키워 규모를 크게 전달하는 것이 좋다.

## 애매한 지시사항은 숫자로 바꿔서 말해 보자

평소 우리가 자주 사용하는 말 중 '모두, 계속, 많이, 짧은, 긴, 빨리, 자주, 최대한, 열심히, 어떻게든, 이런 상태' 등의 애매한 지시사항들은 정확하게 숫자로 바꾸어 말해 주면 전달력과 설득력을 높일 수 있다.

**많이 짧은 달**

→ 이번 달은 연휴가 포함되어 영업일수가 지난달 20일에 비해 18일, 즉 영업일수가 2일 줄어든 달입니다.

**최대한 자주** 영업보고를 해주시고

→ 현재 영업보고를 하루에 한 번 받고 있는데, 이번 달에는 오후 2시, 저녁 8시 두 번으로 나누어 반일 체제로 받겠습니다.

이번 달에도 **매출이 상승**했습니다.

→ 지난 1월 매출은 1억 600만원이었는데, 2월 매출은 1억 1,800만원으로 매출이 약 1,200만원 상승했습니다.

말의 전달력과 설득력을 높이려면 상대방이 자신의 것으로 받아들일 수 있도록 숫자로 변환시키는 연습을 해야 한다. 평소 말을 할 때 '숫자를 어떻게 사용하면 상대에게 설득력 있게 전달될지' 생각해 보고, 상황에 맞게 숫자의 규모를 변환시키는 연습을 하면 전달력과 설득력을 동시에 높일 수 있게 될 것이다.

# 센스디렉터의 앱 추천

## 네이버 클로바노트

네이버 클로바노트는 대화를 기록하고 말을 텍스트로 변환해 주는 앱이다. 통화, 회의, 인터뷰 등을 녹음할 때 유용하게 사용할 수 있다. 사용방법은 클로바노트 앱에서 하단의 [+] 버튼을 눌러 녹음을 시작하면 된다.

녹음 중 PC에서 동일 아이디로 로그인하면 현재 녹음 중인 노트에 들어가 즉각적으로 메모를 기록할 수 있으며, 음성파일만 있으면 가져오기를 통해 텍스트를 추출할 수 있기 때문에 편리하다. 클로바노트는 메모 기능이 있어서 음성 기록에서 본인의 생각이나 아이디어를 추가해 적을 수 있다. 한국어, 일본어, 영어 3가지를 지원하며, 한 달 기준으로 300분의 사용시간이 제공된다.

# 해시태그처럼
# 의미있게 말하기

Speech

아내와 함께 타로 점을 보러 간 적이 있다. 방송에도 여러 번 나온 유명한 곳이라고 해서 내심 기대가 되었다. 타로 점을 보기 전 이런저런 이야기를 하다가 아내가 "저희 남편은 이런 거 잘 안 믿어요"라고 말했다. 순간 '남편'이라는 정보를 벌써 말하면 어떻게 하나 아쉬운 생각이 들었다(별다른 정보가 없을 때에도 타로 점이 잘 맞는지 궁금했었다). 타로 카드를 뽑고 나서 얼마 지나지 않아 타로 점을 봐주시는 분이 카드와 우리를 번갈아 보더니 뭔가를 알고 있다는 듯 웃으며 이렇게 말했다.

"오호, 그래서 두 분은 언제쯤 결혼하실 거예요?"

상대와 소통이 되지 않는다며 어려움을 토로하는 사람들이 의외로 많다. 그런 경우는 대부분 다음과 같은 문제점을 가지고 있다.

1) 자신만의 생각에 빠져 상대가 하는 말을 듣지 못하거나
2) 상대의 말을 듣는 척하면서 자기가 하고 싶은 이야기를 생각하거나
3) 아예 관심이 없는 주제라고 생각하고 귀담아 듣지 않거나

앞의 타로 점 사례처럼 상대가 말하는 핵심을 놓치거나 듣지 못한다면 우리는 그 사람을 신뢰할 수 없을 뿐만 아니라 소통하고 싶은 생각조차 들지 않을 것이다. 말하기에 있어서 상대에 대한 신뢰의 기준은 '이야기의 핵심을 얼마나 잘 파악하는가' '어떻게 상대에게 의미있는 이야기를 꺼낼 수 있는가'에 달려 있다.

이번 장에서는 '듣기' '질문하기' '리액션하기'라는 말센스의 3가지 기술을 통해 의미있는 소통을 연습해 보자.

# 말의 핵심을 파악하며
# 듣는 방법

**#경청**

    인간이 가지고 태어나는 재능 중에서 가장 빨리 발달하는 것이 듣는 능력이다. 아이는 태어나서 귀를 제일 먼저 사용한다. 눈은 태어났을 때 또렷하게 보지 못하고 초점이 맞춰지기까지 시간이 필요하지만, 귀는 새로운 정보나 언어를 자연스럽게 받아들이며 빠르게 발달한다. 특히 귀는 나의 관심에 따라 소리를 다르게 들을 수 있는 특별한 힘을 가지고 있는데, 이를 잘 활용하면 말의 핵심을 파악하며 듣는 경청의 단계로 능력을 끌어올릴 수 있다.

    《경청의 인문학》이라는 책에서 언어는 '듣기 → 말하기 → 읽기 → 쓰기'의 순서로 발달한다고 한다. 이러한 언어의 4가지 영역 중 그 시작인 듣기 능력의 경우 단순히 들리는 데로 듣는(hearing) 단계가 아니라 상대가 말하는 핵심을 주의 깊게 듣는(listening) '경청의 단계'로 끌어올리면 다른 영역의 커뮤니케이션 능력도 저절로 향상시킬 수 있다. 그렇다면 단순한 듣기에서 경청하는 수준으로 업그레이드하며 말의 핵심을 파악하여 듣는 방법은 무엇인지 살펴보자.


## 펜과 노트를 사용해 필기를 해보자


말의 핵심을 잘 파악하기 위해서는 펜과 노트를 사용해 필기를 하며 듣는 것이 도움이 된다. 여기에는 몇 가지 장점이 있는데, 정확성이 떨어질 수 있는 기억을 기록으로 보완할 수 있다는 점과 나중에 충분한 시간을 들여 정보를 수정·보완할 수 있다는 점이다.

상대방과 대화를 할 때는 내용을 반복해서 다시 들을 수 없기 때문에 어떻게든 집중해서 한 번에 잘 듣도록 해야 한다. 그리고 메모가 필요하다는 생각이 들면 "혹시 지금 하시는 말씀을 간단히 메모하며 들어도 될까요?"라고 상대방에게 양해를 구하도록 하자. 이때 모든 내용을 기록하기보다 핵심만 간단히 적고, 나중에 시간을 내어 상대의 말을 떠올리며 구체적인 내용을 추가하도록 하자.

'상대가 말하려는 핵심만 간단히 기록하자.'

상대의 이야기를 경청하다 보면 반복적으로 말하거나 특히 힘이 실리는 키워드가 무엇인지 확인할 수 있다. 이처럼 상대의 말을 기록하며 경청하려는 적극적인 태도는 대화의 질을 높여주는 듣기의 기본이 된다.

## 팟캐스트로 말의 속도를 조절해 들어보자

상대의 말을 경청하는 수준으로 업그레이드하려면 상대가 말하는 핵심을 빠르게 파악하고 요약하는 습관을 가져야 한다. 이를 위해 언제든 부담 없이 들을 수 있는 팟캐스트를 활용해 말의 속도를 조절해 가며 경청하는 연습을 해보자. 팟캐스트는 영상과는 달리 오디오로만 내용을 들을 수 있기 때문에 조금만 관심을 딴 곳으로 돌려도 집중력을 잃거나 중요한 내용을 놓치기 쉽다. 따라서 최대한 집중해 들으면서 무슨 말을 하는지 핵심을 파악하는 연습이 필요하다.

'상대가 말하려는 핵심내용이 들리는가?'

만약 이해가 안 되거나 놓친 내용이 있으면 듣기를 멈추고 뒤로 돌아가 말의 재생속도를 천천히 조절해 다시 들어보도록 하자. 말을 천천히 들으면 상대가 하는 말의 뜻을 생각해 보거나 이해가 되지 않는 부분을 체크하며 들을 수 있기 때문에 한결 편안하게 들을 수 있다. 천천히 듣기에 어느 정도 익숙해지면 말의 속도를 1.2배속, 1.5배속, 2배속으로 설정해 빠르게 들으면서 중요하지 않은 부분은 힘을 빼서 듣는 연습을 해보자. 모든 부분에 힘을 주어 듣는 것이 아니라 중요한 핵심이 나올 때 더욱 집중하며 듣는 연습을 해야 한다. 팟캐스트를 통해 말의 속도를 조절해 가며 듣는 연습을 하면 핵심을 놓치지 않으면서도 상대의 말을 경청할 수 있게 될 것이다.

## 상대의 말을 요약해서 정리해 보자

—

   사람들은 누구나 자신의 이야기에 귀 기울여 들어주고 기억해 주기를 바란다. 하지만 상대의 이야기를 경청하며 듣는 것이 어려운 이유는 상대방의 말을 들으면서 동시에 자신이 할 말을 생각하는 경우가 많기 때문이다. 상대가 하려는 말의 핵심을 정확히 파악하기 위해서는 대화 말미에 다음과 같은 질문을 통해 요약한 내용을 확인해 보는 것이 좋다.

 

<blockquote>"지금까지 말씀해 주신 내용을 요약해 보면

_____이라고 이해하면 될까요?"</blockquote>

 

   이러한 질문을 통해 소통에 오해가 없는지 직접 확인해 보고, 혹시 놓쳤다고 생각하는 내용이나 잘못 이해한 부분이 없는지도 확인해야 한다. 상대가 하는 말을 정확하게 듣고 이해하겠다는 적극적인 마음가짐으로 주의 깊게 들으려 하면 상대방이 강조하고자 하는 말이 더욱 크게 들리고 상대의 말에 더욱 집중하게 될 것이다.

"듣는 걸 멈추면 안 돼요"

# 의미있는 소통을
# 나누는 방법

**#질문**

평범한 사람들의 특별한 첫 경험 이야기를 나누는 〈i스토리
쇼〉의 이야기 소재를 수집하기 위해 거리 인터뷰를 나섰다.
마침 할아버지가 혼자 앉아 계셔서 "할아버지, '첫 경험' 하면
무엇이 떠오르세요?"라고 질문을 드렸는데, 할아버지는 귀찮
으신 듯 아무런 대답이 없으셨다. 나는 할아버지에게도 분명
특별한 이야기가 있을 거라 믿고 다시 한 번 조심스럽게 물었
다. "할아버지, 여태까지 많은 경험을 해오셨겠지만 그럼에도
아직까지 못해보신 첫 경험이 혹시 있으실까요? 만약에 있다
면 올해 무엇을 가장 해보고 싶으세요?"
할아버지는 질문을 듣고 한참을 생각하시더니 조그맣게 "여

행"이라고 말씀하셨다. "여행이요? 그럼 여태까지 한 번도 여행을 안 가신 거예요?"라고 물었더니 할아버지는 이렇게 대답하셨다. "아니, 그런 여행 말고 손자하고 여행"

'손자'라는 말과 동시에 할아버지의 표정이 금세 환하게 바뀌었다. 할아버지는 주머니 속에서 휴대폰을 꺼내 재롱을 떠는 손자의 동영상을 한참 보여주셨다. 귀여운 손자의 동영상을 보고 흐뭇해하시는 할아버지의 모습을 보고 있으니 머지않아 손자와 여행을 떠나시는 할아버지의 행복한 모습이 자연스레 떠올랐다.

질문은 사람들의 닫힌 마음을 열고 상대방과의 소통을 이끌어 내는 가장 좋은 방법이다. 하지만 대부분은 질문을 하는 것 자체가 목적이 되는 '답정너'(답은 정해져 있고 너는 대답만 하면 돼)가 되며 상대방과 의미 있는 소통을 이어가지 못한다. 질문을 던질 때는 '상대의 이야기를 듣기 위한 수단'으로 사용해야 한다. 즉, '말하기를 위한 질문'이 아니라 '듣기 위한 질문'을 던져야 상대방의 말문을 열 수 있다. 그럼 이제 탁월한 전문가들이 사용하는 질문의 기술을 통해 상대방과 의미 있는 소통을 할 수 있는 방법에 대해 살펴보자.

## '퍼실리테이터'에게 배우는 질문의 기술

팀 구성원들에게 질문을 던져 복잡한 문제를 해결하는 퍼실리테이터는 질문의 고수이다. 퍼실리테이터는 사람들의 의견을 하나로 모으고 서로가 만족하는 하나의 결론을 만들어내기 위해 수많은 질문의 기술들을 사용한다. 그중 다양한 상황에서 문제를 구체화시키고 해결방법을 찾아내는 DVDM 질문법을 살펴보자.

> 1) **Definition** : 주제의 대한 정의 → "○○이란 어떤 의미인가요?"
> 2) **Value** : 의미와 가치 → "○○이 왜 중요한가요?"
> 3) **Difficulty** : 문제점 → "○○은 왜 이렇게 어렵나요?"
> 4) **Method** : 방법 → "어떻게 하면 ○○할 수 있을까요?"

예를 들어 '센스 있게 말하기'라는 주제를 DVDM 질문법에 적용해 보면 다음과 같다.

> 1) '센스 있게 말하기'는 어떤 **의미**인가요?
>
> 2) 센스 있게 말하는 것이 왜 **중요**한가요?
>
> 3) 센스 있게 말하는 것은 왜 이렇게 **어렵나요**?

**4) 어떻게 하면** 센스 있게 말을 잘할 수 있을까요?

위와 같은 순서로 질문을 하다 보면 스스로 생각을 정리하며 문제를 해결할 수 있는 방법을 찾을 수 있다. 즉, '그것이 왜 중요한지' '그것을 추진하는데 어려운 이유는 무엇인지' '어떻게 하면 잘할 수 있을지'에 대해 구체적인 질문을 통해 서로 만족할 수 있는 최선의 해답을 찾아갈 수 있다. 이때 '모든 의견은 동등하고, 상대방에게 좋은 해답을 찾을 수 있는 지혜가 있다'고 믿는 마음가짐은 필수이다.


## '에디터'에게 배우는 질문의 기술

〈매거진B〉의 첫 단행본 시리즈 《JOBS》가 선정한 첫 번째 직업은 '에디터'이다. '좋아하는 것으로부터 좋은 것을 골라내는 사람'인 에디터는 다양한 정보와 데이터를 가지고 전달할 만한 가치가 있는 주제를 선별하고 조합하는 일을 한다. 이들은 좀 더 까다로운 비교와 선택을 통해 사람들의 취향을 저격하는 결과물을 만들어 내기 위해 비판적인 질문을 자주 던진다. 에디터와 이야기를 해보면 '왜?' '지금?' '굳이?'라는 질문으로 상황을 반전시키는 경우가 많다.

1) Why : 목적 → "왜 ○○이 필요할까?"
2) Now : 시점 → "왜 지금 ○○을 이야기해야 할까?"
3) Necessary : 필요성 → "굳이 ○○할 필요가 있을까?"

이러한 질문을 '센스'라는 주제에 적용해 보자.

1) **왜** 센스가 필요한 것일까?

2) 왜 **지금** 사람들이 센스에 대해 이야기해야 할까?

3) 굳이 센스가 있을 **필요**가 있을까? 센스가 없어도 괜찮지 않을까?

이처럼 상황을 비틀어 보는 에디터의 질문은 좀 더 완성도 있는 결과와 생각의 틀을 깨는 날카로운 결과물을 만들어 낼 수 있다. 주관적인 느낌이나 감에 사로잡힌 질문이 아니라 객관적인 질문을 던져 자신이 의도하는 목적(타깃층을 정확히 겨냥한 현실적인 결과물을 만들 수 있는지)을 파악하고, 좀 더 현실적인 시선으로 생각해 볼 수 있는 것이다. 에디터가 평소에 자주 던지는

Why(목적), Now(시점), Necessary(필요성)의 질문을 통해 객관적이고 냉철한 답변을 끌어내는 질문의 기술을 사용해 보자.

## '리포터'에게 배우는 질문의 기술

방송 리포터는 촬영 현장에서 사람들을 인터뷰하면서 원하는 대답을 이끌어 내기 위해 질문을 많이 던진다. 하지만 방송에 익숙하지 않은 사람들의 경우 대부분 단답형으로 답하는 경우가 많다. 보통 행사 현장에서 리포터가 시민들과 인터뷰한다면 다음과 같은 답변을 받을 확률이 크다.

**리포터** : 안녕하세요? 오늘 행사 어떠셨나요?

**시민** : 너무 좋았어요. (끝)

이처럼 단답형 대답이나 원하는 답변이 나오지 않는 경우 '만약에 ○○이라면 어떨까요?'라는 가정형 질문을 던지면 계속 대화를 이어가면서 구체적이고 의미 있는 답을 이끌어 낼 수 있다.

**리포터** : 역시~ 오늘 기분이 좋아보이시네요. 방금 '너무 좋았다'고 말씀 하셨는데, **만약에** 이번 행사가 다른 행사에 비해 유독 좋았던 게 있다면 무엇이 있을까요? 몇 가지만 말씀해 주실 수 있나요?

이처럼 질문을 할 때는 단순히 '답은 이럴 것이다'라고 어림 짐작하며 넘어가지 말고 정말로 궁금한 내용을 구체적으로 묻고 있는지를 생각해 보자. 대화의 흐름이 끊기지 않도록 후속 질문을 준비하고 구체적인 내용을 파악할 수 있는 리포터의 질문의 기술을 통해 좀 더 의미있는 이야기를 끌어내 보자.

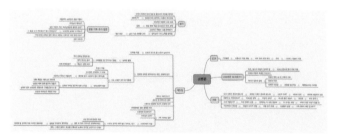

좋은 질문은 현장에서 바로 생각나는 것이 아니라 사전에 얼마나 열심히 준비했는가에서 나온다. 다양한 상황을 고려한 질문으로 의미있는 이야기를 꺼내 보자.

# 상대의 말문이 터지게
# 만드는 방법

#### #칭찬 #리액션

〈불타는 청춘〉이라는 방송 프로그램에서 배우 김광규 씨가 기타리스트 김도균 씨를 만나 이야기를 나누는 장면이 있었다. 김도균 씨가 얼마 전 중고차를 새로 바꿨는데, 이에 대해 김광규 씨가 한 말은 상대의 기분을 한층 더 끌어올리며 말문을 터지게 만들었다.

"어, 잘하셨네. 완전 새 차네. 와. 리모컨도 돼요?
오, 기계에 대해 형이 좀 아네. 나는 그런 거 잘 모르는데….
이야~ 오르막인데도 조용하고 좋다.
100만 원 더 주고 내가 살 걸."

이처럼 센스 있는 칭찬과 리액션은 상대의 기분을 좋게 만들며, 상대의 말문을 터지게 만든다. 김광규 씨가 말한 짧은 문장 속에는 칭찬과 리액션의 비결이 모두 담겨있다. 하나씩 살펴보자.

## 칭찬의 핵심은 관찰과 반복이다

상대의 기분을 끌어올리는 칭찬의 핵심은 세세한 관찰을 통해 반복적으로 관심을 보이는 것이다. 김광규 씨는 상대와 대화 중에도 차의 이곳저곳을 세세하게 살피며 칭찬할 수 있는 것들을 계속 찾아냈다. 차의 트렁크부터 눈에 보이지 않는 곳까지 구석구석을 살펴보고, '차가 좋은지 알려면 직접 운전대를 잡아봐야 해'라는 말과 함께 직접 운전을 하면서 느끼는 차의 장점에 대해 끊임없이 반복하며 칭찬을 해주었다.

'상대가 지금 듣고 싶어 하는 말은 무엇일까?'

그는 자신이 차량을 구입했을 때 들었으면 하는 말을 찾아

내려고 주변을 관찰하면서 끊임없이 칭찬을 반복했기 때문에 상대의 공감을 이끌어 내며 기분을 한층 끌어올릴 수 있었다.


## 자연스럽게 대화의 주도권을 넘기고 경청한다

이상하게 어떤 사람과 만나면 '나만 너무 신나서 혼자 말을 많이 했나?'라는 생각이 드는 경우가 있다. 이런 사람들은 상대의 이야기를 잘 들어주기도 하지만, 상대에게 대화의 주도권을 넘기기 위해 다음과 같은 말을 자주 던진다.

"와, 정말요? 저는 그런 거 하나도 모르는데…"

앞의 대화에서도 김광규 씨는 '오, 기계에 대해 형이 좀 아네~ 나는 그런 거 잘 모르는데…'라며 자연스럽게 대화의 주도권을 넘겼고, 상대는 자신이 알고 있는 것을 신이 나서 말할 수 있었다. 이처럼 상대가 하는 말을 경청하면서 '와우, 정말요? 대단하시네요' '조금만 더 자세히 설명해 주세요'라고 관심을 표하면 상대방의 말문은 자연스럽게 터질 것이다.

## 리액션은 '크게'가 아닌 '크~~으으으으게' 표현해야 한다

리액션은 상대의 반응을 끌어내는 큰 힘을 가지고 있으며, 상대방의 이야기에 더욱 집중하게 만든다. 그래서 상대방의 리액션이 좋으면 평소보다 더 많은 이야기를 하게 된다. 리액션은 보통 분위기를 끌어올리기 위해 하는 경우가 많은데, 이때 동작은 가능한 크게, 평소보다 한층 과장되게 하는 것이 좋다. 김광규 씨는 평소보다 더욱 과장되고 큰 목소리로 말을 최대한 길게 늘리고, 큰 동작으로 생동감 있게 말했다.

"이야~~~~ 내가 100만 원 더 주고 샀어야 했는데~~~~"

"오~오~오~ 대~에~박!! 너~~어어어무우~ 잘하셨네에~~"

"우~와아아아아아아~~~~ 차가 살아있네~~~~~~~~~"

처음에는 과장된 동작과 표현이 낯설고 어렵게 느껴지겠지만, 상대의 기분을 끌어내며 말문이 터지게끔 '크~으~으~으~은' 리액션으로 상대의 말에 반응해 준다면 상대방은 말문을 터트리며 분위기를 한층 끌어올릴 수 있을 것이다.

일상은 감각있게
# 일상센스

Sense

# 일상의 차별화를
# 만드는 힘

Life

해외 각 지역을 찾아다니며 현지 음식을 먹고 설명하는 방송 〈스트리트 푸드파이터(태국 편)〉에서 백종원 씨가 음식을 주문하고 기다리는 장면이 나왔다. 그는 테이블에 앉아 계속 식당 주변을 두리번거리며 살펴보다 주방에서 음식 재료를 손질하고 있는 아주머니를 발견하더니 '오! 저기 신기한 게 있다'며 달려갔다. 그리고 재료를 손질하는 아주머니 옆에 쪼그려 앉으며 이렇게 말했다.

"이게 모에유? 코코넛인가요?"

〈이미지 출처 : tvn 스트리트 푸드파이터〉

그는 음식에 관해 궁금한 점이 있거나 자신이 모르는 것들이 보이면 그냥 지나치지 않고 반드시 무엇인지 직접 확인했다. 그의 호기심은 단순히 추측하는 것(아마도 지금 손질하고 있는 저 재료가 이 집 비법이겠지?)에서 그치지 않고, 현장에서 직접 확인한 정확한 사실(아하! 코코넛 순이 똠양꿍에 들어가니 이런 맛이 나는구나!)을 통해 하나씩 자신만의 지식으로 만들었다.

그가 자신의 분야에서 우뚝 설 수 있게 된 것은 호기심을 지식으로 바꾸려는 적극적인 태도와 경험을 통해 쌓은 폭넓은 지식을 바탕으로 자신만의 실력을 꾸준하게 키워나갔기 때문에 가능한 일이었다. 이렇게 그는 음식과 관련해 궁금한 것이 있으면 적극적으로 묻고 확인한 사실들을 바탕으로 음식 전문 잡지 기자들과도 막힘없이 대화할 수 있는 전문성까지 갖추며 대체불가한 차별화를 만들어 냈다.

Part 3 일상센스 편에서는 폭넓은 지식과 호기심, 취향을 바탕으로 내가 가진 지식을 확장시키며 일상에서의 탁월한 감각을 키울 수 있는 방법에 대해 알아보자.

# 관심과 호기심을
# 키우는 방법

#관심 #호기심

한국에 산 지 10년이 넘은 원어민 강사 K에게 영어 수업을 받은 적이 있었다. 한국에서 오래 살았으니 '한국말도 당연히 잘하겠지?'라고 생각했는데, 사석에서 만난 그는 '안녕하세요' '감사합니다'처럼 아주 기본적인 말 외에는 한국어로 전혀 소통이 되지 않아 당황스러웠다. 한편 여행지에서 우연히 만난 외국인 친구 A는 한국어 발음은 물론 상황에 맞는 정확한 단어와 표현까지도 정말 적절하게 사용했다. '이 정도면 한국에 꽤 오래 살았겠구나'라고 생각했는데, 자신은 이번이 두 번째 한국 여행이고, 한국어 공부는 따로 해본 적도 없다고 해서 깜짝 놀랐었다.

지금도 이들과 서로 안부를 나누며 지내고 있는데, 원어민 강사 K의 한국어 실력은 여전히 그대로인 반면 외국인 친구 A는 한국어를 유창하게 하는 수준까지 이르렀다. 이들의 차이를 만든 것은 무엇일까? 궁금해서 살펴보니 이들은 관심 있게 보는 정보의 양과 호기심부터 확연히 달랐다.

원어민 강사 K는 새로운 것에 적극적인 관심을 가지기보다는 자신에게 익숙한 것만 하면서 오랜 한국 생활을 했고, 한국어를 새롭게 배우거나 사람들과 소통을 하는 등 지식의 폭이 넓어질 수 있는 기회를 원치 않았다. 반면 외국인 친구 A는 인터넷, 드라마, 영화, 음악, SNS, 유튜브 등 다양한 채널을 호기심 있게 보며 주변 사람들과의 적극적인 소통을 통해 관심있는 정보들을 자신의 지식으로 만들어 갔다.

이처럼 관심 있는 정보의 양과 호기심을 확장시키면 지식이 폭넓게 늘어나며 일상에서도 차별화를 만들어 낼 수 있는 힘이 생겨난다. 그럼 우리가 일상에서 관심 있는 정보를 자신의 지식으로 만들며, 호기심을 폭넓게 확장시키기 위한 방법을 살펴보자.

## '이게 뭐지?' 하고 관심이 향하는 곳을 찾아보자

지식이 많아지면 모르는 것에 대해 더욱 관심이 생기기 때문에 자연스럽게 호기심도 커지게 된다. 일단 '이게 뭐지?' 하고 궁금해하는 호기심이 생겼다는 것은 나의 관심이 그곳을 향한다는 의미이다. 따라서 자신의 관심이 어느 곳으로 향하는지 찾아보고, 그곳에서부터 궁금함을 해결하며 지식의 밑바탕을 쌓아야 한다.

외국인 친구 A는 자신의 호기심을 채우기 위해 기꺼이 밤을 새어가며 정보의 양을 늘려 나갔다. 특히 한국 드라마에 관심이 많았는데 모르는 말이 나오면 사람들을 만날 때마다 자신이 궁금한 것을 적극적으로 물어보았다. 예를 들면 "어제 한국 드라마에서 '도련님'이라고 하던데 도련님이 정확히 무슨 뜻이에요?" "누구에게 언제 쓰는 말이에요? 지금도 자주 사용하나요?" "그럼 내가 이런 상황에 도련님이라고 말을 해도 되나요?" 등 자신이 궁금한 것을 물어보면서 정확한 뜻과 의미를 파악하려고 노력했다.

또한 자신이 좋아하는 드라마의 주인공이 자주 사용하는 단어나 새로운 표현들이 나오면 삐뚤빼뚤한 글씨로 단어장에 적어 놓고 《외국인을 위한 한국어 학습사전》을 찾아보며 자신이 궁금한 말의 뜻을 정확히 이해하려고 노력했기 때문에 자연스레 한국어 실력도 좋아졌다. 이처럼 지식의 폭이 넓어지면서 관심이 증폭되기 시작할 때는 단순히 궁금해하는 것에서 그치지 말고, 적극적으로 관심 있는 정보들을 찾고 확인하며 자신의 지식으로 만들어야 한다.

## 다양한 채널 검색을 통해 궁금해하는 것을 스스로 찾아보자

아이들은 호기심과 관심이 빠르게 확장된다. 그 이유는 주저함 없이 궁금한 것을 물어보기 때문이다. 마치 백종원 씨가 신기한 게 있다며 주방으로 뛰어가 망설임 없이 아주머니에게 "이게 모에유?"라고 물어본 것처럼 말이다. 궁금한 것은 그때그때 빠르게 해결하며 호기심을 풀어야 지식으로 쌓아갈 수 있다. 하지만 매번 주변 사람에게 물어보는 게 익숙해지면 단순한 질문만 던지게 되고, 스스로 해결할 수 있는 능력은 없어진다. 따라서 상대에게 의존하면서 매번 질문을 던지기 전에 '내가 궁금한 것은 정확히 무엇인지' '문제를 해결할 수 있는 방법은 무엇인지'에 대해 다양한 검색 채널을 통해 스스로 찾아보는 습관을 가져야 한다. 예를 들면 전문가들의 답변을 구할 수 있는 Q&A 플랫폼 서비스 '쿼라(Quora)'에 질문을 올리거나, 해당 기업 홈페이지의 FAQ(자주 묻는 질문들)를 찾아보거나, 해당 분야의 사람들이 모여 있는 '인터넷 커뮤니티'나 '위키백과' '나무위키' 등을 통해 검색해 보는 것도 좋다. '위키백과'는 사실 위주의 내용을 찾아볼 때 좋고, '나무위키'는 사소하거나 흥미로운 소재를 다루고 있어서 전체적인 맥락을 가볍게 짚는 용도로 사용하면 좋다.

궁금한 것을 스스로 찾아서 직접 문제를 해결할 수 있어야 자신만의 지식으로 남는다. 궁금한 것이 생겼을 때 스스로 해결할 수 있는 방법을 찾아보자.

또 대화형 인공지능 챗GPT를 통해 궁금해하는 것을 검색하거나 대화하듯 질문할 수 있다. 챗GPT란 인공지능 기술인 GPT를 사용해 사람들과 자연스러운 대화를 하기 위해 사전훈련된 모델이다. 챗봇, 대화형 AI 어시스턴트, 자연어 처리, 빅데이터 분석, 게임 등 다양한 분야에서 활용할 수 있는 똑똑한 인공지능 프로그램이라고 생각하면 된다.

챗GPT와 대화를 통해 우리가 궁금해하는 질문에 대한 수준 높은 검색 결과를 찾을 수 있을 것이다. 오픈AI 홈페이지(chat.openai.com/auth/login)에서 간단한 회원가입 절차를 거치면 메일 인증 후 사용이 가능하다.

# 새로운 단어로
# 지식을 확장시키는 방법

### #단어수집

tvN 〈알쓸신잡〉이라는 프로그램에서 진행자가 소설가 김영하 씨에게 "요즘도 단어 수집 열심히 하세요?"라고 물었다. 김영하 작가는 "최근에는 지방 깍두기 아저씨들(조폭)의 단어를 수집한다"고 웃으며 대답했다. 그는 새로운 단어를 수집하다 보면 그 단어를 쓰는 사람과 문화 그리고 배경까지 쉽게 이해할 수 있고, 특히 자신의 직업인 소설가는 좀 더 구체적이고 사실적으로 상황을 묘사할 수 있는 능력이 중요하기 때문에 단어 수집이 글을 쓰는데 많은 도움이 된다고 말했다.

비단 소설가뿐만 아니라 일반인들도 새로운 단어를 접하다 보면 나와 다른 문화와 생활을 자연스럽게 이해하며 지식을 손쉽게 넓힐 수 있다. 이제부터 새로운 단어 수집을 통해 지식을 확장시키는 방법에 대해 자세히 알아보자.

## '이달의 새로운 단어'로 단어 수집을 습관화시켜 보자

TV나 인터넷, 유튜브, SNS 등을 보다 보면 하루에도 수없이 많은 새로운 단어들을 접하게 된다. 이때 낯선 단어의 뜻을 매번 찾아보는 것이 생각보다 번거롭고 귀찮기 때문에 대충 의미를 짐작하고 넘어가는 경우가 많다. 하지만 새로운 단어로 지식을 확장시키기 위해서는 '모르는 단어는 절대 그냥 넘어가지 않겠다!'는 굳은 마음가짐이 있어야 한다. 우선 '이달의 새로운 단어'라는 제목의 노트를 만들고 생소한 개념의 단어를 보게 되면 하나씩 정리하며 정확한 뜻을 확인해 보자.

이렇게 매달 수집한 단어의 양을 수치화해 놓으면 평소 자신의 지식이 어느 정도 확장되고 있는지(3월에는 단어 수집을 15개밖에 못했네. 다음 달에는 꼭 20개를 채워봐야지) 확인할 수 있다. 매달 새로운 단어가 쌓이게 되면 낯선 개념의 단어들을 통해서도 사물이나 현상에 대해 관심이 생겨나고 새로운 생각의 흐름과 지식을 확장시킬 수 있다.

### '디지털 앱 사전'을 활용해 단어를 확장시켜 보자

　낯선 단어를 수집하고 기록하는 과정에서 새로운 개념과 생각들로 정보의 확장이 시작된다. 무엇보다 낯선 단어는 사전을 찾아가며 정확한 개념을 익혀야 하는데, 이때 디지털 앱 사전인 '다음사전'과 '네이버사전'을 함께 비교하면서 사용하면 좋다(플레이스토어나 앱스토어에서 무료로 다운로드 받을 수 있다).

　《사전 보는 법》이란 책에서는 '다음사전'과 '네이버사전'은 각각 사전의 바탕이 되는 주요 데이터베이스가 다르기 때문에 각 사전의 특성에 따라 비교해 가며 상호보완하며 사용하는 것을 추천한다. '다음백과사전'의 주요 데이터베이스가 되는 '브리태니커백과사전'은 현존하는 근대적 백과사전 가운데 가장 오랜 전통을 지니며 유럽권에서 중요하게 여기는 항목을 충실하게 다루고 있어서 서구권 내용을 살펴볼 때 유리하다. 그리고 '다음영어사전'은 단어의 다양한 의미 중 가장 많이 쓰이는 단어의 의미가 가장 먼저 나오기 때문에 낯선 단어의 의미를 중요한 순서대로 파악하는데 도움이 된다. 따라서 영어나 서구권 항목은 '다음사전'을 먼저 찾아보고, 부족한 부분은

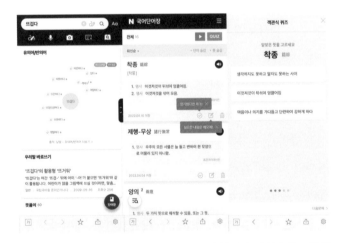

디지털 앱 사전을 통해 비슷하지만 조금씩 쓰임이 다른 단어의 뜻을 비교해 볼 수 있고, 수집한 단어의 뜻을 퀴즈처럼 풀어보며 쉽게 익힐 수 있는 장점이 있다(네이버사전).

'네이버사전'으로 보완하면 좋다.

'네이버국어사전'은 의미가 비슷한 유의어와 반의어들을 쉽게 도표로 볼 수 있다. 또한 속담, 관용구, 뜻풀이, 예문, 맞춤법, 표기법까지 다양한 내용을 비교하면서 살펴볼 수 있고, 검색한 단어들을 단어장에 폴더별로 쉽게 관리할 수 있다.

수집하는 단어가 확장된다는 것은 나의 의사표현을 좀 더 세분화시켜 전달할 수 있다는 것이다. 이처럼 새로운 단어를 수집하는 습관을 들이며 조금씩 내 분야의 지식과 상식의 폭을 넓혀 간다면 새로운 단어가 들릴 때마다 마치 소설가가 된 것처럼 귀가 쫑긋해지며 낯선 단어들을 수집하고 있는 당신의 모습을 발견하게 될 것이다.

# 교양과 상식의
# 폭을 넓히는 방법

**#교양 #상식**

    유명한 거장들의 발자취를 찾아가는 팟캐스트 〈책보다 여행〉은 '왜 지금 우리가 이 거장을 만나야 하는가?'라는 질문에서 이야기가 시작된다. 각 분야의 전문가와 함께 거장의 발자취를 따라가며 그가 살았던 곳, 그를 만나기 위해 가장 먼저 봐야 하는 책, 그들의 삶을 느낄 수 있는 여행지 등을 알려주면서 우리가 알고 있는 거장들의 삶에 한 발짝 더 가까이 다가갈 수 있도록 해준다. 또한 '오래 전 거장이 지금 우리의 삶과 어떤 연관성이 있는지?' '그 유명한 거장의 작품을 지금 다시 봐야 하는 이유는 무엇인지?'에 대한 의미를 분석하며 교양과 상식의 폭을 넓혀준다.

특히 〈책보다 여행〉의 진행자인 김태훈 씨는 폭넓은 교양과 상식을 바탕으로 자칫 어려울 수 있는 이야기를 명쾌하게 정리하며 탁월한 센스를 발휘한다. 그는 설명하기 복잡하고 어려운 분야의 개념을 구독자들이 이해하기 쉽게 풀어주고 있는데, 이는 어떤 분야의 전문가들과도 막힘없이 대화를 나눌 수 있는 교양과 상식이 있었기 때문에 가능한 일이다. 이처럼 교양과 상식이 풍부해지면 전혀 상관없어 보이는 개념도 쉽게 연결할 수 있는 힘이 생긴다. '전혀 관계가 없어 보이던 것들' 사이에서도 '깊은 관계가 있다'는 것을 발견해 낼 수 있는 것이다. 그럼 이제부터 교양과 상식의 폭을 넓힐 수 있는 방법에 대해 알아보자.

## 나와 전혀 상관없는 분야를 찾아보자

내가 가진 교양과 상식을 확장시키려면 우선 나와 전혀 상관없는 분야가 무엇인지부터 찾아야 한다. 서점에 가거나 전자책 서점, 팟캐스트, 유튜브 등 접근이 쉬운 매체를 하나 골라 그 안에 테마별로 정리되어 있는 분야(인문, 종교, 정치, 과학,

기술, 컴퓨터, 잡지, 취미, 외국어, 실용, 예술, 문학, 만화, 자기계발, 경제, 경영 등) 중에서 내가 한 번도 들여다보지 않았던 분야를 하나 선택하자. 그리고 그중에서 나의 관심을 끄는 책이나 영상을 하나 골라보자. 필자는 서점에서《세상이 어떻게 보이세요?》라는 책을 찾아 읽고 다음과 같은 질문을 통해 내가 몰랐던 분야의 내용을 정리해 보았다.

**처음 알거나 배우게 된 것은 무엇인가?**

 - 시각장애인을 대할 때 "어디까지 보이세요?" 하고 물어봐도 큰 실례가 되는 건 아니구나.

**궁금하거나 이해가 되지 않는 내용은 무엇인가?**

 - 시각장애인에게 반짝거린다는 것을 어떻게 말로 설명할 수 있을까?

**내 분야와 비슷한 부분은 무엇인가? 혹은 나와 다른 그들의 삶과 사고방식은 무엇인가?**

 - 시각장애인에게 온라인 교육은 어떻게 해야 할까?

**가장 기억에 남는 한 문장은 무엇인가?**

 - "지금 칠하고 있는 물감이 무슨 색인지 알면 참 좋겠어요."


이처럼 지금까지 나와 전혀 상관없는 낯선 분야를 처음 접하며 느낀 점들을 간략하게 기록해 보면서 내가 지금까지 생각하지 못했던 관점과 생각들로 교양과 상식의 폭을 하나씩 넓혀 보도록 하자.

## 성별과 직업이 다른 사람들과 1:1 대화를 나눠보자

성별과 직업이 다른 사람들과의 1:1 대화는 평소 궁금했던 것을 즉시 묻고 답을 들으며 현장감 있는 대화를 나눌 수 있다. 따라서 내가 일방적으로 메시지를 전달하고 있는지, 아니면 진짜 소통을 하며 즐거워하는지를 쉽게 알 수 있다.

필자도 지금까지 나와 전혀 상관이 없었던 분야를 처음 접하며 그들의 삶이 궁금해졌고, 어떤 식으로든 그들을 가까이에서 만나 대화를 나눠 보고 싶다는 생각이 들었다. 때마침 〈우리들의 눈〉(@anotherway_of_seeing 시각장애인과 예술가들이 '본다는 것은 무엇인가'에 대해 질문하고 탐구하는 ART_lab)을 통해 예술 전문 교육강사 양성프로그램에 참여할 수 있는 기회를 얻게 되었다. 이후 시각장애 아동들의 미술 수업이라는 새로운 분야의 전문적인 강의와 교육을 받으며 그들만의 시각으로 자신을 표현하고 있는 시각장애인을 조금씩 이해할 수 있게 되었고, 그들과의 대화를 통해 조금은 다른 표현방식을 배울 수 있었다.

 나와는 전혀 다른 환경에서 살아온 사람들과 대화를 나눌 수 있는 기회가 생긴다면 '나는 어떤 대화를 할지?' '나와 다른 분야의 사람에게서 무엇을 배울 수 있는지?' 등을 고민해 보자. 다양한 환경에서 열심히 살아온 그들만의 사고와 다채로운 생각을 통해 상식이 확장되는 기회를 만들게 될 것이다.

# 취향의 핵심은
# 선택과 큐레이션

Life

새롭게 이사를 한 집 거실에 어울리는 테이블을 사려고 전국을 돌아다녔던 지인이 있었다. 그러던 중 마음에 쏙 드는 테이블을 발견했는데 다소 비싼 가격이 문제였다. 이후 다른 테이블을 봐도 마음에 차지 않고 계속 그 테이블만 어른거려서 '살까 말까 고민하는 이유가 가격 하나 때문이라면 사자!'라고 결정하고 원하는 테이블을 과감히 구입했다. 최근에 그분을 만나 이야기를 나누었는데, 새로 산 테이블에서 신기한 일이 일어났다며 놀라운 경험담을 말해 주었다.

"현이 씨, 저는 그냥 제 취향에 꼭 맞는 테이블을 사려고 꼼꼼히 알아보고 비교해서 산 건데 신기하게도 테이블에서 가족 간의 대화가 싹트기 시작했어요. 제가 산 건 그냥 단순한 테이블이 아니었나 봐요."

새로 산 테이블을 거실에 놓은 뒤 처음으로 생긴 변화는 각자 방에만 있던 가족들이 각자의 일거리를 가지고 거실로 나오기 시작했다는 것이다. 가족들 모두 근사한 테이블에 앉아 무엇인가를 하고 싶다는 마음이 들었던 것이다. 가족들이 거실 테이블에 함께 모이자 예전에는 없었던 대화가 조금씩 생겨나기 시작했고, 함께 있는 시간이 자연스레 늘어나면서 집 안의 분위기 또한 한층 따뜻해졌다고 했다. 마음에 쏙 드는 테이블을 취향에 따라 고르고 구입하고 사용하는 과정에서 가족 간 대화가 싹트고 행복해지는 뜻밖의 가치가 생긴 것이다. 이후 이런 변화를 가져온 테이블에 더욱 애정이 생겨 매일 닦고 아끼며 지낸다는 이야기를 하는 지인의 얼굴에 미소가 환하게 번졌다.

"한 사람의 탁월한 취향과 안목이 만들어 내는 가치"

우리가 만나는 모든 것들은 다른 대상과 연관되기 때문에 한 사람의 좋은 취향이 만들어 내는 가치도 주변 사람들에게 좋은 영향력을 가져다 줄 수 있다. 이번 장에서는 자신의 '취향'을 통해 새로운 가치를 만들며 안목과 영향력을 동시에 키워볼 수 있는 방법에 대해 알아보자.

# 자신의 취향을
# 탐색하는 방법

**#취향 #탐색**

사람들은 자신이 좋아하는 사람을 따라 하고 싶어 하고, 다른 사람이 이미 선택한 것을 보고 나에게 필요한 것을 찾기도 한다. 하지만 단순히 물건을 따라 사고 같은 물건을 사용한다고 해서 취향이 저절로 생기는 것은 아니다. 테이블을 사러 전국을 돌아다녔던 지인처럼 내가 공들여 선택한 물건이나 대상에 애정이 담겨야 취향이 짙어지면서 그곳에서 새로운 가치가 생겨나는 것이다. 그렇다면 '취향'이란 키워드로 지식을 함께 공유하며 자신의 취향을 탐색할 수 있는 방법에 대해 알아보자.

## 비슷한 관심을 가지고 있는 사람을 만나보자

숙박 공유 서비스 중 하나인 에어비앤비는 게스트하우스와 그 목적 자체가 조금 다르다. 게스트하우스는 '집이 얼마나 깨끗한지' '교통은 얼마나 편리한지' '주변 환경은 어떤지' 등 머무는 공간을 중요시한다. 목적이 숙박에 있기 때문이다. 반면 에어비앤비는 호스트와의 소통이 목적이다 보니 그 집의 호스트가 누구인지, 그들과 어떤 소통을 할 수 있는지 여부가 더욱 중요하다. 만약 내가 '디자이너'라면 에어비앤비를 통해 현지 디자이너가 거주하며 운영하는 숙소를 찾을 것이다. 현지 디자이너의 집에 머무는 동안 서로 다른 환경에서 같은 직업을 가진 사람과 만나 정보를 공유하며 이야기하는 기회를 만들 수 있는 것이다. 비슷한 관심을 가지고 있는 사람들과 만나 깊은 취향을 공유하고 대화를 나누다 보면 다양한 시선으로 새로운 정보를 얻거나 정보의 질을 높일 수 있다.

## 거리낌 없이 이야기를 나눌 수 있는 곳을 찾아보자

———

현장의 생생한 이야기들을 듣기 위해서는 그곳에 살고 있는 현지 사람들과 이야기를 나눌 수 있는 기회를 자주 만들어야 한다. 책과 인터넷에 나와 있지 않은 정보는 인포메이션센터의 자료에서 나오는 것이 아니라, 현지에서 만나는 사람들과의 대화를 통해 얻을 수 있다.

에어비앤비는 취향을 중심으로 현지에서 직접 체험하며 다양한 소통을 할 수 있도록 '트립'이라는 프로그램을 만들었다. 전 세계의 비슷한 취향을 가진 사람들을 한자리에 모아 다양한 프로그램을 통해 사람들이 거리낌 없이 말할 수 있는 대화의 장을 만든 것이다. 필자도 도쿄에서 에어비앤비의 '건축&디자인 트립'을 체험해 보았는데, 그곳에서는 '건축과 디자인'이라는 키워드에 끌린 사람들(엔지니어, 건축가, 도시설계사, 디자이너 등)이 모여 현지의 건축과 디자인을 보며 느낀 다양한 생각과 비즈니스 인사이트를 서로 공유했다. 새로운 정보를 공유하거나 자신만이 알고 있는 이야기를 공유하는 것을 꺼려하지 않는 열린 분위기 덕분에, 이곳에 모인 사람들은 경쟁자가 아닌 친구로 서로 경계심을 허물고 거리낌 없이 교류할 수 있었다.

이처럼 자신과 비슷한 취향을 가진 사람들을 전혀 다른 공간에서 만나 함께 시간을 보내다 보면 '진짜 살아있는 대화란 이런 것이구나'라는 생각이 저절로 들만큼 유익한 대화를 나눌 수 있다.

# 취향 고수의 말은 절대 흘려듣지 말자

---

"혹시 이 전시 봤어? 시간 내서 한 번 가봐!" "이 책 읽어 봤어? 서점 가면 사서 읽어봐!"라며 무언가를 추천해 주는 사람들이 많다. 나의 경우 깊은 취향을 가진 사람들이 추천하는 것은 절대 흘려듣지 않고 반드시 경험해 본다. 그들의 추천은 늘 만족할 만한 결과를 만들어 냈기 때문이다. 하지만 누군가에게 추천을 받았을 때에는 '추천해 준 사람이 어떤 취향을 가졌는지' '취향의 깊이는 어떤지' '나의 취향을 제대로 알고 있는 사람인지' 확인해 봐야 한다. '좋다'라는 기준은 너무 개인적이고 다양해서 그들이 하는 말을 모두 믿고 따라 하다 보면 실망할 수도 있기 때문이다.

오래전부터 자신이 생각하는 생활의 명품을 소개하는 프로젝트를 해온 취향수집가 윤광준 씨는 '탁월하다'라고 느낀 것들을 하나씩 선정하여 《윤광준의 생활명품》이라는 책을 펴냈다. 그는 '누군가가 쓰는 물건이나 선택한 상품은 그 사람의 안목을 드러낼 수 있는 물건'이라며, 하나의 생활명품을 찾기 위해 직접 현장에 방문해 자신의 취향을 저격하는 것을 하나하나 사용하고 비교해 보면서 궁극적인 취향의 디테일을 보여준다. 자신이 진정으로 좋아하는 것을 찾아가는 과정에서 새롭게 알게 되거나 경험한 디테일한 정보를 사람들과 공유하면서 차츰 영향력을 키워가게 된 것이다.

만약 주위에서 '반드시' '꼭'이라는 말을 하며 강력하게 추천을 한다면 '나에게 왜 추천을 했을까?' '나에게 어떤 도움이 될 거라고 추천했을까?'를 생각해 보며 반드시 시간을 내어 직접 경험해 보자. 그리고 내가 느낀 점에 대해 함께 대화를 나누어 본다면 그들의 해박한 지식을 통해 당신의 취향도 한결 깊어질 수 있을 것이다.

지금 내가 푹 빠져서 좋아하는 것은 무엇인지(물건, 가수, 브랜드, 음악, 장소, 음식 등), 최근 나를 강력하게 사로잡은 것은 무엇인지 생각해 보자. 또한 최근에 당신의 기대치를 훌쩍 넘겨 만족시켰던 취향 고수가 있었다면 그들이 좋아하는 취향(영화, 음악, 책, 공연, 디자인, 전시 등)에 대해 추천을 받아 경험해 보며 당신의 취향을 저격하는 것을 찾아보자.

# 취향의 깊이를
# 키우는 방법

#소비

    물건을 구입하거나 조언을 구할 때 "그 사람 추천이면 믿을 만하지!" 하고 왠지 신뢰가 가는 사람이 있다. 우리가 그 사람을 신뢰하는 이유는 나보다 더 많은 정보를 가지고 까다로운 기준으로 신중한 선택을 하는 사람이기 때문이다. 그들은 마음에 드는 물건 하나를 사기 위해 모든 리뷰를 살피며 비교해 보는 것은 기본이고, 직접 사용해 보면서 브랜드에 대한 신뢰와 확신을 바탕으로 만족감을 느껴야 상대에게 적극적으로 추천한다. 따라서 물건을 사기 전에 그 분야에 취향이 깊은 사람들의 말을 듣고 구매를 결정하면 실패할 확률을 크게 줄일 수 있다.

좋은 선택과 소비가 어려운 이유는 무엇이 좋은지 스스로 판단하거나 비교하는 과정이 쉽지 않기 때문이다. 따라서 현명한 소비를 하기 위해서는 드러나지 않는 세부정보들을 확인할 수 있는 자신만의 소비기준을 세워야 한다. 즉, '이 정도 가격이면 구입할 수 있겠다'처럼 소비에 대한 자기 기준과 확신을 가지고 있어야 선택을 하는데 있어 판단의 기준이 생기고, 그런 기준을 통해 물건을 고르는 안목이 생기게 된다. 그럼 이제 풍부한 경험과 소비를 통해 안목을 키운 탁월한 전문가들의 소비기준을 통해 현명한 소비를 하는 방법을 알아보자.

## "스스로에게 물어보세요"

직접 컬렉팅한 가구들과 다양한 컬렉션의 전시로 미감을 나누는 빈트갤러리(@vintgallery)의 대표는 스마트한 소비의 기준을 '사용기간, 필요개수, 우선순위'로 정리했다. 만약 소비를 하게 된다면 다음과 같은 3가지의 질문을 먼저 던져보는 것이다.

"이거, **얼마나** 사용할 거야?"

"이거, **몇 개** 필요해?"

"이거, **꼭** 있어야 하는 거야?"

예를 들면 생활용품이나 소모품처럼 '짧은 기간 동안' '여러 개' '없어도 크게 상관없는' 물건들은 가성비 좋은 제품으로 여러 개를 한 번에 사는 것이 좋지만, 거실 테이블이나 쇼파처럼 '오랫동안' '하나만' '꼭 필요하다고 생각되는' 물건은 자신의 마음에 쏙 드는 물건을 만날 때까지 신중하게 고민하라고 말한다. 시간을 충분히 가지고 자신이 만족하는 하나의 물건을 찾기 위해 위의 3가지 질문을 스스로에게 끊임없이 던지면서 자기만의 취향과 안목을 한층 더 깊게 쌓을 수 있는 기회를 만들어 보자.

## "아무거나의 함정에 빠지지 마세요"

〈생활의 수첩〉 편집장이자 《나만의 기본》 《좋은 감각은 필요합니다》의 저자 마쓰우라 야타로(@cowbooks_tokyo)는 소비를 할 때 '어중간한, 아무거나, 대충대충, 일단은, 대략, 검사 검사'처럼 아무거나의 함정에 빠지지 않도록 조심해야 한다고 말한다. '그냥 아무거나 사지'라며 물건을 쉽게 선택하거나 새로운 물건으로 자주 대체하는 습관적인 소비를 하게 되면 진짜 좋은 것을 찾아내는 안목을 기를 수 있는 기회를 놓친다는 것이다. 그래서 선택에 중간은 없다는 생각으로 어중간한 것에 쉽게 타협하지 말라고 강조한다.

현명한 소비를 위해서는 제대로 된 것을 공들여 사는 연습을 해야 한다. '이 정도면 괜찮겠지'가 아니라 '이 정도면 절대 선택의 후회가 없겠다'는 확신이 들 때까지 구매를 보류하고, 자신만의 소비기준을 만들어 보자.

### "팔린 거 많이 보세요"

빌딩중개법인 BSN의 김윤수 대표(@bsn_official)는 "좋은 매물을 사는 안목은 어떻게 키워야 하나요?"라는 질문에 "팔린 거 많이 보세요"라고 명쾌하게 답했다. 김 대표는 매매가 완료된 빌딩들을 매일매일 습관적으로 찾아가 보면서 '왜 이 건물이 인기가 있는지?' '왜 비싼 가격에 팔렸는지' 등을 수시로 확인해 보는 습관이 부동산의 안목을 키우는 가장 큰 공부라고 말한다.

평소 다른 사람들이 구매를 하거나 인기가 있다면 '대체 왜 인기가 있는지' '사람들이 무엇을 원하고 무엇에 환호하는지' '어떤 것에 지갑을 여는지' '매달 비용을 지불하고 소비할 만한 가치가 있다고 느끼는 것은 무엇인지' 등을 생각해 보며 소비를 통해 취향의 깊이를 키워보자.

# 취향을 제안하고
# 공유하는 사람

### #큐레이터

일본의 라이프스타일을 이끄는 서점 '츠타야'는 우수한 고객의 기준을 '문화와 엔터테인먼트를 사랑하는 사람'이라고 정의했다. 작은 비디오 가게에서 시작한 츠타야 서점은 우수한 고객이 모일수록 다양한 일들이 일어날 것이라 생각하고, 사람들이 언제나 자유롭게 책과 영화를 빌려볼 수 있도록 기회와 장소를 제공했다.

츠타야의 고객들은 영화, 소설, 음악 등 다양한 콘텐츠 속에서 새로운 라이프스타일을 접하기 시작했고, 자신만의 감각을 담은 순수한 창작 욕구를 키워 나갔다. 더 나아가 고객들은 누군가가 임의로 편집해 놓은 그대로를 받아들이는 게 아니라,

자신만의 음악 플레이리스트나 추천도서를 한곳에 모아가며 큐레이션하기 시작했다. 그리고 대중의 취향을 저격하는 콘텐츠를 만들어 SNS 등 다양한 채널에 공유하며 더욱 많은 영향력을 갖게 되었다. 정보를 소비하는 위치에서 깊이 있는 정보와 취향의 공유가 대중의 관심을 끌어당기는 촉매가 된 것이다.

기업들도 자신의 브랜드 취향과 가치를 반영하는 공간을 만들어 적극적으로 공유하고 있다. 구찌플레이스는 구찌에 영감을 준 전 세계 6개 지역을 소개하는 프로젝트를 만들어 문화와 예술을 사랑하는 사람들의 폭발적인 반응을 이끌어 냈다. 많은 사람들이 그곳을 방문하거나 경험하고 싶게 만들었고, 그런 취향을 함께하고 싶은 사람들이 자연스럽게 모여들며 새로운 문화를 만들었다. 현대카드뮤직, 크리에이터들의 라이프스타일을 담은 매거진 B 플레이리스트, 샤넬의 패션쇼 사운드트랙 등도 자신의 브랜드가 추구하는 취향과 스타일을 다양한 방법으로 드러내며 브랜드 이미지를 만들어 갔다.

최인아책방(@inabooks)도 많은 사람들이 방문하고 싶어 하는 곳 중 하나다. 이곳의 안방마님인 최인아 대표는 제일기획 부사장과 카피라이터, 객원논설위원을 지내며 얻은 자신만의 취향과 안목을 바탕으로 다양한 북클럽과 북토크를 기획하고 있다. 또한 매달 최인아책방의 취향이 고스란히 담긴 책들을 다양한 회사에 큐레이션해 주고 있는데, 수많은 책 중에서 '왜 이 책을 골랐는지' '어떤 면에서 이 책이 읽어볼 만한지' 등을 적은 북카드도 함께 제공해 주기 때문에 북큐레이션을 공유받으려는 곳들이 많아지고 있다.

취향을 공유하는 기업들과 큐레이터들의 정보는 인스타그램을 통해 쉽고 빠르게 접할 수 있다. 좋은 콘텐츠와 분야별 정보를 꾸준하게 업데이트하며 큐레이션을 해주는 인스타그램 계정을 소개하면 다음과 같다.

❖ **센스디렉터의 인스타 팔로인 리스트**

@ sol_y_moon (미술 전문기자) : 풍부한 미술지식과 날카로운 통찰력으로 다양한 사회현상을 자신만의 시각으로 심도 있게 전달한다.

@jeon.eunkyung (#은경시티서치 운영자) : '#은경시티서치'를 검색하면 최신 트렌드와 전시, 디자인, 핫플레이스의 정보를 남들보다 두 발짝 빠르게 살펴볼 수 있다.

@artinmuseum (미술관 가는 남자) : '이달의 전시 하이라이트'를 한 장의 이미지로 정리해 줘 매월 유용하게 관람하고 있다.

@yeojunyoung (프레인글로벌 대표이사) : 비즈니스 인사이트와 경영자의 올곧은 마음가짐을 엿볼 수 있다. 특히 '#과거의한주'란 포스팅은 시간이 지나도 변하지 않는 그의 신념을 잘 보여준다.

@think_note_ (생각노트) : 생산적인 삶을 위한 생각과 자료를 통해 인사이트를 준다. 특히 '#오늘의짧은생각'과 '#관찰일지'를 통해 다양한 관점에서 생각을 확장시킬 수 있다.

@keykney (일러스트레이터) : 기억에 남는 스토리텔링과 작명 솜씨를 통해 탁월한 언어유희 센스를 자랑한다. 특히 '무엇이든 그려드립니닷!'을 통해 다양한 이야기를 재미있게 풀어내는 그의 창의력을 엿볼 수 있다.

@marketingfactory_ (마케터) : 다양한 기업, 광고, 일상에서 발견한 재미난 마케팅 이야기와 영상을 통해 새로운 시각을 함께 나눠볼 수 있다.

@harusansik (크리에이터) : 경제, 심리, 예술 등 다양한 상식을 쉽고 간단하게 정리해서 알려주고 있다.


앞으로의 비즈니스 세상에서는 자신만의 탁월한 감각과 뚜렷한 취향을 바탕으로 상대에게 알맞는 큐레이션을 해줄 수 있는 사람이 더 큰 경쟁력을 가지게 될 것이다. 깊은 취향을 공유하는 사람들을 팔로인(Follow+人)하며, 그들이 제공하는 다양한 정보를 통해 나만의 취향을 키워보도록 하자.

# 일상의 센스를 키우는
# 3가지 방법

Life

얼마 전 '라이프스타일 트렌드'란 주제로 강의를 마치고 근처 카페에서 커피를 마시다 강의를 들었던 수강생을 우연히 만났다. 간단히 안부를 나누다 강의 때 소개했던 장소 이야기가 나와 인터넷 정보를 찾아가며 약간의 부연설명을 해드렸다. 그분은 열심히 이야기를 듣고 나서 나에게 조용히 물었다.

"혹시 그곳에 직접 가보셨나요?"

그 당시엔 '다음에 시간 내서 가봐야죠~'라며 변명처럼 둘러댔는데, 한동안 질문에 제대로 대답하지 못한 것이 자꾸 마음에 걸렸다. 강의를 준비하면서 '왜 나는 그곳에 직접 가봐야겠다는 생각을 못했을까?' '왜 남들이 찍은 사진과 인터넷 정보를 마치 내가 직접 경험한 것처럼 이야기했을까?'라는 생각이 머릿속에서 떠나지 않았다. 결국 '현장에 답이 있다'고 생각하고, 생생한 현장을 직접 눈으로 담기 위해 강의 때 소개한 장소로 여행을 다녀왔다. 이후 인터넷에서 찾은 이미지는 내가 직접 찍은 사진으로, 현장을 관찰하며 발견한 인사이트와 현지 사람들과의 대화는 내가 경험한 에피소드로 바꾸어 강의 때 생생한 현장감을 더할 수 있었다.

사람들은 본인이 직접 경험해 보지 못한 생생한 이야기를 듣고 싶어 한다. 상대가 경험한 현장의 진짜 이야기를 말이다. 따라서 일상센스를 높이려면 현장을 주의깊게 관찰하고, 보이지 않는 것들을 볼 수 있는 안목을 키워야 경험의 질감이 느껴지는 자신만의 이야기를 만들 수 있다.

　일상센스 마지막 장에서는 우리가 일상에서 센스를 키울 수 있는 3가지 방법(관찰, 경험, 안목)에 대해 알아보자.

# 현장의 이야기를
# 담아내는 방법

#관찰

평범한 것을 관찰하는 것에 전문가라 할 수 있는 《관찰의 힘》의 저자 얀 칩체이스는 '모든 상황에서 대부분의 사람들이 그저 기계적으로 별 생각 없이 하는 행동과 그 행동을 하게 만드는 이유를 찾으라'고 말한다. 현장을 의미 있는 곳으로 만들기 위해서는 '사람들의 무의식적인 행동을 주의 깊게 관찰하는 시간이 필요하다'는 것이다. 나 역시 여행을 가거나 강의를 위해 지방에 내려가면 주변에서 일어나는 일들을 관심 있게 관찰하며 현장에서 좋은 이야기의 재료를 얻고 있다.

그렇다면 현장의 생생한 이야기를 담아내는 방법은 어떤 것들이 있는지 알아보자.

## 한곳에 오래 머물며 사람들을 유심히 관찰해 보자

———

베스트셀러 《지적자본론》에서 가장 먼저 나오는 제안은 '다케오시립도서관 방문하기'이다. 얼마나 대단한 곳이면 책 서두에 '아직 다케오시립도서관을 방문해 보지 않았다면 '반드시' 한 번 방문해 보기를 권한다'라고 적어두었을까? 그 말의 무게가 궁금했다. 결국 그 이유를 찾기 위해 일본으로 떠났고, 현장에 도착해 한곳에 오래 머물면서 주변 사람들을 한 명씩 관찰하며 다음과 같이 기록했다.

- 도서관 내 스타벅스에서 커피를 마시며 한참을 멍하니 천장을 바라보며 앉아 있는 할아버지(커피가 식을 때까지 한참을 같은 자세로 앉아 있어서 주무시는 줄 알았지만 아님)

- 도서관 직원들이 읽어주는 동화를 아이와 함께 들으며 개인 시간을 보내는 편안한 모습의 엄마(주로 스마트폰을 하면서 여유로운 시간을 보낸다)

- 도서관 안에 있는 서점에서 다양한 잡지와 책들을 살펴보며 구매하는 아저씨(평균 2~3번 정도 책을 들춰 보고 나서야 한 권을 구매한다)와 흥미로운 과자와 사탕을 발견하고 서로 보여주며 좋아하는 학생들의

표정(사지는 않고 구경만 하다 공부를 하러 열람실로 간다)

<관찰일기 - 다케오시립도서관>

현장에서 사람들이 별 생각없이 하는 행동을 관찰하면서 그들의 표정은 어떻고, 무엇에 관심을 보이며, 왜 이곳에 찾아와 오랜 시간을 머물다 가는지 그 이유를 생각해 보았다.

## 관찰한 내용을 바탕으로 새로운 가설을 세워보자

오랜 시간 관찰한 내용을 바탕으로 새로운 가설을 세우고 그 사실을 확인하는 과정에서 새로운 인사이트를 발견할 수 있다.

이곳에 오시는 분들은 대부분 나이가 많으신(대략 70~80세) 노인분들이 많은데, 딱히 목적이 있어서 오는 것은 아닌 것 같아. '오늘 시간이 남는데 그냥 도서관이나 갈까?' 하는 가벼운 마음으로 와서 도서관 안에 있는 스타벅스에서 커피도 마시고, 소파에 멍하니 앉아 있다가 옆에 있는 책도 훑어보고, 도서관 안의 서점에서 새로 나온 잡지나 신간을 보면서 여유 있는 시간을 보내다 가시는구나. 그러고 보니 이곳에는 마음이 차분해지는 음악이 계속 흘러나오고 따뜻한 느낌의 나무와 안락한 조명이 이곳을 한결 편안하게 느끼게 만들어 주는구나. 아하! 그렇다면 혹시 이곳에 오시는 분들은 그냥 도서관에 쉬고 싶어서 오는 게 아닐까?

《지적자본론》에서 다케오시립도서관에 반드시 가보길 추천한 이유는 아마도 '한없이 펼쳐진 책의 숲속에서 온전히 자신의 시간을 보내며 푹 쉬기를 바라는 마음이 아니었을까?' 하는 생각이 들었고, '편안한 시간과 공간을 디자인하는 일은 지적자본을 가진 사람에 의해서만 가능하다는 사실을 이곳에 머무는 사람들의 모습을 통해 직접 말해주고 싶었구나'라는 결론을 내릴 수 있었다.

현장이 의미 있는 곳으로 변하기 위해서는 단순하게 보는데 그치지 말고 '사람들이 왜 저렇게 하고 있을까?'라며 주의 깊게 관찰해 보고, 새로운 가설을 통해 나만의 인사이트를 발견해 보자.

# 경험의 질감을
# 높이는 방법

**#경험**

필자는 2010년부터 지금까지 새로 경험한 것들을 기록하여 보관하고 있다. 특히 '내 인생 첫 경험 쌓기 프로젝트'를 시작하면서 내가 느낀 경험들을 세세하게 기록해 두면 기억에 더욱 오래 남고, 어떠한 상황에서든 좋은 연결고리를 찾아낼 수 있음을 깨닫게 되었다. 경험의 질감을 높이기 위해서는 자신의 경험을 세세하게 기록해야 하는데, 필자는 그 방법으로 EECB 스토리텔링 기법을 사용한다.

### 1) Event : 어떤 사건이 있었나?

주제와 관련된 사건을 떠올려 본다. 어떤 사건이 있었는지 간략하게 줄거리를 적어보자.

### 2) Experience : 그때 어떤 경험을 했는가?

상황을 이해할 수 있는 배경을 구체적으로 설명한다. 언제, 무슨 일이 있었는지, 주변 환경은 어땠는지, 날씨는 어땠는지, 내 기분은 어땠는지 등 경험한 내용을 상세하게 적어보고 열린 표현을 해보자.

### 3) Creative : 새롭게 알게 되었거나 느낀 점은 무엇인가?

평소 느껴보지 못한 새로운 감정을 솔직하게 적어본다. 당신이 기대했던 것과 무엇이 같고 다른지, 생각지도 못했던 변수는 없었는지, 새롭게 알게 되거나 느낀 점은 무엇인지 상세하게 적어보자.

### 4) Belief : 그 일이 당신에게 어떤 변화를 주었나?

내가 시도한 경험이 나에게 어떤 의미가 있었고, 앞으로 어떤 변화를 가져올지 의미를 부여해 본다. 내가 옳다고 생각하는 신념의 형태로 정리를 해보자.


새로운 경험을 하게 되면 위의 순서대로 하나씩 적어보는 것이다. 예를 들어 다케오시립도서관을 방문한 경험을 적어보면 다음과 같다.


### 1) Event : 어떤 사건이 있었나?

다케오시립도서관에 방문해 '왜 반드시 이곳에 가보라고 했는지' 이유를 찾아보았다.

## 2) Experience : 그때 어떤 경험을 했는가?

일단 들어가는 입구부터 보이지 않을 만큼 광대하게 펼쳐진 책의 숲을 보며 잠시 할 말을 잊었다. 이곳이 도서관인가 하는 생각이 들 정도로 아름다웠고 웅장했다. 조그만한 시골 마을에 이렇게 거대한 도서관이 자리한다는 사실이 내심 놀라웠다. 발길이 닿는 곳부터 하나씩 주위를 둘러보며 관찰을 하기 시작했다. 이곳에는 도서관만 있는 것이 아니라 스타벅스도 있었고, 문화공간도, 서점도 있었다. 사람들은 커피를 마시거나 한참을 멍하니 천장을 바라보며 앉아있거나 도서관 직원들이 읽어주는 동화를 아이와 함께 들으며 여유로운 시간을 보내고 있었다. (중략)

## 3) Creative : 새롭게 알게 되었거나 느낀 점은 무엇인가?

이곳에 오시는 분들은 할아버지와 할머니가 대부분이었는데 딱히 목적이 있어서 오는 것은 아닌 것 같았다. '오늘 시간이 남는데 그냥 도서관이나 갈까?' 하는 가벼운 마음으로 와서 도서관 안에 있는 스타벅스에서 커피도 마시고, 소파에 멍하니 앉아 있다가 옆에 있는 책도 훑어보고, 도서관 안의 서점에서 새로 나온 잡지나 신간을 보면서 여유 있는 시간을 보내다 가시는 걸 알게 됐다. 이 공간이 너무 아늑하고 편해서 나도 이곳에 오래 머물고 싶다는 생각이 저절로 들었다. 내가 살고 있는 우리 동네에도 이런 곳이 있다면 주변 사람들에게 꼭 한 번 가보라고 추천할 것 같았고 이 동네에 사는 사람들이 내심 부러웠다. 이곳에는 마음이 차분해지는 음악이 계속 흘러나오고 따뜻한 느낌의 나무와 안락한 조명이 있어 한결 마음이 편안하게 만들어주었다. (중략)

### 4) Belief : 그 일이 당신에게 어떤 변화를 주었나?

매번 내가 관심 있는 것들과 무엇을 보는지에만 신경을 썼다. 나와 다른 환경에 살고 있는 사람들은 무엇을 관심있게 보는지, 또 왜 이곳에 오래 머물기를 원하는지 관찰하면서 자연스레 사람들을 살펴보게 되었다. 내가 아닌 다른 사람들의 행동을 보며 그들이 무엇을 좋아하고 관심을 갖는지 조금씩 알 수 있게 되었다. 팍팍한 도심 속 공간에서의 '쉼'이라는 의미를 다시 생각해 보면서 내가 사랑하는 공간들의 몇 가지 공통점을 찾을 수 있었다. 사람들이 오래 머물길 원하는 공간에는 몇 가지 특징이 있는데, (중략)

이처럼 자신의 경험을 EECB 질문을 통해 구체화시키고 세세하게 기록해 보면 전체 구성이나 스토리를 자연스럽게 풀어내는데 도움이 될 것이다. 위의 질문에 답하는 형태에서 큰 틀을 벗어나지 않고 기록해 본다면 내 경험들이 전혀 다른 이야기와 연결될 수 있는 기회가 만들어질 것이다. 이 과정을 반복하다 보면 당신만의 생생한 스토리가 차곡차곡 쌓이는 것을 실감할 수 있을 것이다.

# 가치를 알아보는
# 눈을 키우는 방법

**#안목**

가치를 알아보는 눈인 '안목'은 보는 것에 관한 문제이다. 흔히 '안목이 있다'라고 말하는 것은 뭔가에 빠르게 대응하는 것을 뜻한다. 딱 보면 아는 경지에 이른 것이다. 마치 오디션 프로에 섭외된 심사위원들처럼 짧은 시간 동안에도 참가자의 많은 것을 꿰뚫어 볼 수 있는 것이다.

안목이 뛰어난 사람들은 중요한 미적 대상을 보는 안목뿐만 아니라 직업 수행에 필요한 눈을 함께 가지고 있는데, 이는 일과 일상에서 좋은 결과를 만들어 낼 수 있는 힘이 된다. 그렇다면 일상에서 가치를 알아보는 안목은 어떻게 키울 수 있는지 알아보자.

## 오랫동안 가치가 있는 문화, 예술, 역사를 살펴보자

—

평소 뛰어난 안목을 가진 지인에게 "어떻게 하면 안목을 높일 수 있을까요?"라고 물었더니, "오랫동안 꾸준히 사랑받는 것을 많이, 계속 보세요"라는 답변을 해주었다. 처음에는 무슨 뜻인지 몰랐지만 시간이 지나고 보니 그 말의 의미를 조금은 이해할 수 있었다. 우선 사람들에게 오랫동안 사랑받는 것들을 자주 보다 보면 금방 사라지거나 안 좋은 것들을 구분해 내는 눈이 생긴다. 오리지널을 자주 보면 디테일이 떨어지는 모조품을 알아볼 수 있는 안목이 생기게 되는 것이다. 평소에 '이것은 왜 오랫동안 꾸준히 사랑을 받을까?'라고 고민한다면 차이를 만들어 내는 디테일을 발견할 수 있는 안목을 가질 수 있다.

특히 가치가 있는 역사와 문화를 자주 접하면 그 정보들은 비교적 흩어지지 않고 오랫동안 기억에 남는다. 예를 들어 서울역 옆에 있는 '문화역서울284'는 기존 서울역사의 원형을 복원하여 만든 복합문화공간으로, 다양한 전시·공연·워크숍 등 문화·예술의 창작과 교류가 이루어지는 플랫폼이다. 이곳에서는 작품의 감상 외에도 1900년대 남대문 정차장을 시작으로 경성역, 서울역을 거쳐 지금까지 지나온 시간의 흐름과 가치

문화역서울284에서는 다양한 전시와 내부 공간투어 프로그램도 운영하고 있어 역사, 문화, 예술까지 특별한 이야기를 함께 체험할 수 있다.


를 함께 느껴볼 수 있다.

　또한 문화·예술·역사를 살펴볼 수 있는 박물관과 미술관을 다녀보는 것도 좋다. 국립미술관은 소중한 가치가 있는 보물과 미술품을 볼 수 있고, 개인이 운영하는 미술관은 개인의 취향을 들여다볼 수 있다. 또한 유튜브 MMCA TV, 국립현대미술관, 구글 아트앤컬처 등을 통해 디지털로 명작들을 경험할 수도 있다.

## 잡지는 트렌드와 안목을 키우는 최고의 도구다

잡지는 최신의 트렌드를 살펴볼 수 있는 최고의 도구다. 잡지는 텍스트뿐만 아니라 많은 사진자료를 함께 전달하는 매체이다 보니 좋은 키워드나 컨셉 외에 고급스러운 이미지도 함께 볼 수 있다. 게다가 잡지에 실리는 광고는 기업들이 자사의 제품을 알리기 위해 많은 비용을 들여 만들어 낸 트렌드의 집약체이다.

잡지를 볼 때는 텍스트와 이미지를 따로 구분해서 보면 좋다. 에디터들이 신중하게 선택한 키워드를 살펴보면 트렌드의 흐름을 읽는 안목을 키울 수 있기 때문에 나의 눈길을 사로잡는 텍스트를 따로 메모장에 기록해 보며 제목이나 카피를 만들어 보는 연습을 해보자. 이미지를 볼 때는 모델이 입은 옷의 스타일과 색상, 헤어, 메이크업, 액세서리도 함께 보면서 '올해는 이런 색상과 스타일이 유행하는구나' '유독 이런 액세서리가 많이 등장하는구나'처럼 트렌드의 컨셉을 가볍게 예측해 볼 수 있다.

더 나아가 잡지에서 소개하는 새로운 예술 전시나 공연, 아트페어, 컨퍼런스, 세미나, 다양한 예술가들을 살펴보며 안목을 키워볼 수 있다. 예를 들어 디자인을 대표하는 주요 시상인 IDEA, 이탈리아 황금컴퍼스상, 독일 레드닷 디자인 어워드, 일본 굿디자인 어워드, 영국 월페이퍼 디자인 어워드 등에서 어떤 작품들이 선정되었는지 찾아보는 것이다. 올해의 상을 수상한 사람은 누구인지 확인해 보고, 그의 작품들은 어떤 것들이 있는지 확인해 보거나 회사의 홈페이지, 공유된 자료를 통해 '왜 지금 인기가 있을까?' 생각해 보도록 하자.

## 참고자료

《좋은 문서디자인 기본 원리 29》, 김은영 저, 안그라픽스, 2012

《폰트의 비밀》, 고바야시 아키라 저, 이후린 역, 예경, 2013

《심플하지만 화려하게 해주세요》, 박창선 저, 부키, 2020

《배색 사전》, 구노 나오미 저, 정세영 역, BOOKERS(북커스), 2020

《속뜻풀이 초등국어사전》, 전광진 편저, 속뜻사전교육출판사, 2021

《마음도 번역이 되나요》, 엘라 프랜시스 샌더스 저, 루시드 폴 역, 시공사, 2016

《경청의 인문학》, 도야마 시게히코 저, 신희원 역, 황소북스, 2019

《JOBS》, 매거진 B 편집부 저, REFERENCE BY B, 2019

《사전 보는 법》, 정철 저, 유유, 2020

《세상이 어떻게 보이세요?》, 엄정순 저, 샘터, 2018

《윤광준의 생활명품》, 윤광준 저, 을유문화사, 2008

《나만의 기본》, 마쓰우라 야타로 저, 최윤영 역, 인디고(글담), 2019

《좋은 감각은 필요합니다》, 마쓰우라 야타로 저, 최윤영 역, 인디고(글담), 2020

《관찰의 힘》, 얀 칩체이스, 사이먼 슈타인하트 공저, 야나 마키에이라 역, 이주형 감수, 위너스북, 2019

《지적자본론》, 마스다 무네아키 저, 이정환 역, 민음사, 2015

**일은 프로답게. 말은 확실하게. 일상은 감각있게.**
## 모든 일은 센스로 시작합니다

**초판 1쇄 인쇄** 2023년 3월 20일
**초판 1쇄 발행** 2023년 3월 30일

**지은이** 이현
**펴낸이** 백광옥
**펴낸곳** ㈜천그루숲
**등 록** 2016년 8월 24일 제2016-000049호

**주소** (06990) 서울시 동작구 동작대로29길 119
**전화** 0507-1418-0784 **팩스** 050-4022-0784 **카카오톡** 천그루숲
**이메일** ilove784@gmail.com

**기획 / 마케팅** 백지수
**인쇄** 예림인쇄 **제책** 예림바인딩

ISBN 979-11-93000-02-1 (13320) 종이책
ISBN 979-11-93000-03-8 (15320) 전자책